JN260043

情報品質

データの有効活用が
企業価値を高める

一般社団法人 日本品質管理学会 監修
関口　恭毅　著

日本規格協会

JSQC選書
JAPANESE SOCIETY FOR
QUALITY CONTROL
20

JSQC 選書刊行特別委員会
(50音順,敬称略,所属は発行時)

委員長	飯塚　悦功	東京大学名誉教授
委　員	岩崎日出男	近畿大学名誉教授
	長田　　洋	東京工業大学名誉教授
	久保田洋志	広島工業大学名誉教授
	鈴木　和幸	電気通信大学大学院情報理工学研究科総合情報学専攻
	田村　泰彦	株式会社構造化知識研究所
	中條　武志	中央大学理工学部経営システム工学科
	永田　　靖	早稲田大学創造理工学部経営システム工学科
	宮村　鐵夫	中央大学理工学部経営システム工学科
	若泉　俊文	一般財団法人日本規格協会

●執筆者●

関口　恭毅　北海道大学名誉教授

発刊に寄せて

　日本の国際競争力は，BRICsなどの目覚しい発展の中にあって，停滞気味である．また近年，社会の安全・安心を脅かす企業の不祥事や重大事故の多発が大きな社会問題となっている．背景には短期的な業績思考，過度な価格競争によるコスト削減偏重のものづくりやサービスの提供といった経営のあり方や，また，経営者の倫理観の欠如によるところが根底にあろう．

　ものづくりサイドから見れば，商品ライフサイクルの短命化と新製品開発競争，採用技術の高度化・複合化・融合化や，一方で進展する雇用形態の変化等の環境下，それらに対応する技術開発や技術の伝承，そして品質管理のあり方等の問題が顕在化してきていることは確かである．

　日本の国際競争力強化は，ものづくり強化にかかっている．それは，"品質立国"を再生復活させること，すなわち"品質"世界一の日本ブランドを復活させることである．これは市場・経済のグローバル化のもとに，単に現在のグローバル企業だけの課題ではなく，国内型企業にも求められるものであり，またものづくり企業のみならず広義のサービス産業全体にも求められるものである．

　これらの状況を認識し，日本の総合力を最大活用する意味で，産官学連携を強化し，広義の"品質の確保"，"品質の展開"，"品質の創造"及びそのための"人の育成"，"経営システムの革新"が求められる．

"品質の確保"はいうまでもなく，顧客及び社会に約束した質と価値を守り，安全と安心を保証することである．また"品質の展開"は，ものづくり企業で展開し実績のある品質の確保に関する考え方，理論，ツール，マネジメントシステムなどの他産業への展開であり，全産業の国際競争力を底上げするものである．そして"品質の創造"とは，顧客や社会への新しい価値の開発とその提供であり，さらなる国際競争力の強化を図ることである．これらは数年前，(社)日本品質管理学会の会長在任中に策定した中期計画の基本方針でもある．産官学が連携して知恵を出し合い，実践して，新たな価値を作り出していくことが今ほど求められる時代はないと考える．

　ここに，(社)日本品質管理学会が，この趣旨に準じて『JSQC選書』シリーズを出していく意義は誠に大きい．"品質立国"再構築によって，国際競争力強化を目指す日本全体にとって，『JSQC選書』シリーズが広くお役立ちできることを期待したい．

2008年9月1日

社団法人経済同友会代表幹事
株式会社リコー代表取締役会長執行役員
(元 社団法人日本品質管理学会会長)

桜井　正光

まえがき

　私たちが住む現代社会は高度情報社会とも言われる．実際，携帯電話，スマートフォン，タブレット型端末などを利用して，私たちは四六時中，情報機器に依存して生活するようになっている．

　産業も同様で，我が国では，情報の取扱いを主な仕事とする職業人，言ってみれば情報労働者が，そうではない職業人よりも多くなったのは1970年代だそうである．

　ある研究によれば，米国では1967年には勤労所得の53％以上が情報労働者によって占められていたという．

　私たちは高度情報社会にあって，情報なしには生きていくことができない．

　それにもかかわらず，情報の"品質"について意識することは少なかったと言わざるをえない．

　本書の読者諸氏は品質管理やTQMに強い関心をもっていると思われる．むしろ，品質管理やTQMの専門家が多いであろう．それでも，情報の"品質"を考えたことはあまり多くないのではないだろうか．

　"測定できないものは管理できない"と言ったのは，ドラッカー(Peter F. Drucker)である．品質であっても同じだ．品質をよく管理するためには，よい測定が不可欠である．そして，測定とは，データをとることが目的なのではなく，情報を獲得することがねらいである．

よい品質管理は，よい情報に依存している．何をどのように測定するか，測定結果をどのように処理するか，獲得した情報に基づいてどのような行動をとるか．こうしたことはすべて，品質管理のよし悪しを左右する．しかし，これらは同時に，情報の"品質"にもかかわる．

　実は，私たちのあらゆる行動は情報に左右される．したがって，情報の品質は，根っこの部分で高度情報社会に影響を与える，大変に重要な課題なのである．

　あまりに本質的な問題なので，これまで表立って議論されることは少なかったが，ここ20年ほどは精力的に研究され，実務においても取り組まれてきている．

　本書では，情報の品質についての基本的な論点を整理して，できるだけ実践的な成果を紹介することを目指すことにする．

　品質管理の新しい対象である"情報"をテーマとする本書を，JSQC選書として上梓できることは誠に光栄に存じており，JSQC選書刊行特別委員会の諸先生に心から感謝申し上げる．特に，本書の草稿に対して改稿に大変有益なご意見・ご助言を賜わった久保田洋志広島工業大学名誉教授に深甚なる謝意を表す．

2013年5月

　　　　　　　　　　　　　　　　　　　　　　　関口　恭毅

目　　次

発刊に寄せて
まえがき

第1章　情報の品質はなぜ重要なのか

1.1　データ・情報・知識という言葉について ………………… 11
1.2　データや知識はもてば役に立つか ………………… 13
1.3　不備な大量のデータを訂正するのは高くつく ………… 14
1.4　不備なデータをそのまま使ってしまうのも高くつく ……… 16
1.5　正しくない知識は高くつく ………………… 18
1.6　正しい知識をもっていても正しく使わなければ高くつく … 20
1.7　データや知識の低品質から発生する損失はどれほどになるか … 22
1.8　品質の高い情報はうまく使えば確かに役に立つ ………… 24

第2章　データと情報の違いは何か

2.1　サイバー世界とリアル世界 ………………… 27
2.2　形式情報 ………………… 29
2.3　データ・知識と形式情報 ………………… 31
2.4　意味情報 ………………… 33
2.5　問題解決と情報 ………………… 35
2.6　情報の品質を考える ………………… 38

第3章　データ品質を規定する主要な特性について

3.1　情報システム経由で利用するデータに話を集中する ………… 41
3.2　データの欠陥の原因はどこにあるか ………………………… 43
3.3　データの欠陥を類型化する …………………………………… 45
3.4　データの欠陥の具体例をあげてみる ………………………… 48
3.5　使いやすさもデータ品質として重要である ………………… 50
3.6　データ品質の諸次元をよく吟味する ………………………… 53
3.7　データ品質次元や次元の意味は分野によって異なる ……… 56
3.8　データ品質次元の間にはトレードオフ関係がある ………… 58

第4章　情報品質はデータ品質とどう違うか

4.1　情報品質は"利用への適合性"の程度で評価する ………… 61
4.2　想定文脈と実際文脈の違いと情報品質の関係 ……………… 64
4.3　想定文脈と実際文脈が違うとはどういうことか …………… 67
4.4　想定文脈は効果的効率的な情報システムを規定する ……… 71
4.5　想定文脈とデータ分析の関係について ……………………… 74
4.6　情報システムに組み込んだ意思決定支援環境は大きな
　　　成果を生む ……………………………………………………… 75
4.7　データ品質と［情報］品質の関係 …………………………… 77

第5章　データ品質次元の評価尺度を考える

5.1　データ品質をどのレベルで評価するか ……………………… 79
5.2　データの何を評価するのかを検討する ……………………… 83
5.3　データ値の"誤り"の種類について ………………………… 86

5.4 データ品質次元の定量的評価尺度を考える ……………… 89
5.5 データ品質次元の評価基準や重要性は利用目的に応じて変化する ……………………………………………………… 95

第6章 データ品質の測定・分析と改善方策の勘どころ

6.1 データ品質次元の主観的評価方法（IQA）の概要 ………… 100
6.2 IQA調査の結果をどうやって分析するか ………………… 102
6.3 客観的評価と主観的評価を総合的に活用する ……………… 105
6.4 データは他の経営資源とは特性が大きく異なる …………… 109
6.5 資源としてのデータの特異性の品質管理への影響を考える … 111

第7章 データに高品質を作り込むための考え方

7.1 データ品質低下の根本原因とデータ資源の特性の関係を整理する！ ……………………………………………… 115
7.2 情報品質の管理者IPMを任命する！ ……………………… 118
7.3 データは全社の共有資源だという考えを浸透させる！ …… 121
7.4 データ制作作業は必須であるとの認識を共有する！ ……… 123
7.5 データ制作者はデータ利用者にもなることを利用する！ … 125
7.6 業務進行の邪魔にならないデータ制作・利用の手順を工夫する！ …………………………………………………… 126
7.7 データ制作者・利用者とデータ管理者の意思疎通を図る！ … 127
7.8 解決の当事者の課題認識をよく理解し，補足し，支援する！ … 128
7.9 データを活用するインセンティブが生じるようにする！ … 129
7.10 データ品質管理の5Mの特異性に配慮した管理を志向する！ ……………………………………………………… 130
7.11 利用文脈の提案とデータ活用方法の訓練を志向する！ …… 131

第8章　データ品質改善へのアプローチ

- 8.1　TQMにおける見える化とデータ品質管理の関係 ………… 133
- 8.2　データ品質改善のための人材育成 ……………………… 136
- 8.3　既存データの品質改善について ………………………… 138
- 8.4　マスターデータの管理と重複への対応 ………………… 140
- 8.5　データ品質管理のための国際規格について …………… 142

第9章　高データ品質を目指す情報システム設計・開発について

- 9.1　情報システムを構成するアプリケーションの特性 ……… 145
- 9.2　実際文脈をうまく予想して想定文脈を設定する ……… 147
- 9.3　情報処理要求は開発するものという思想の重要性 …… 148

おわりに …………………………………………………… 153

参考文献 ……… 155
索　引 ……… 157

第 1 章 情報の品質はなぜ重要なのか

1.1 データ・情報・知識という言葉について

 "情報"は,英語の "information" の訳語として作られたと言われている.明治時代より前の日本には,情報という言葉はなかったことになる.

 同様に "データ" は,"data" の訳語である.この語にはどのような日本語を当てるのがよいだろうか.国語辞典では,その意味として "資料" という語が当てられている.読者諸氏は "データとは資料のことである" と言われて違和感はないだろうか.

 "そうかもしれないな" と思う一方で,筆者には違和感が残る.というのも,資料と言われて頭に思い浮かぶのは,何かが記述されている紙の文書だからである.例えば,新聞の切抜きは資料の一種と言える.これが典型的なデータと言えるだろうか?

 "記録" はデータの一種であろう.この意味のデータは,英語では "record" を使うのが一般的だ.測定値もデータであろう.しかし,データはもっと広い意味をもっているように思われる.

 このように考えていくと,どうも "データ" に相当する日本語の言葉を,私たちはもっていないように思われる.データという言葉を私たちは日頃,何気なく使っているが,実は,近代になってから

使われるようになった言葉であって,その意味は必ずしも明確ではないのである.

例えば『日本国語大辞典』(小学館,全20巻)には,宮沢賢治が処女詩集『春と修羅』の序で"論料(データ)"と記述していることが紹介されている.議論のための資料という意味だろうか.

知識経営とか,知識管理という言葉が数年前にブームになった.しかし"知識"とは,この文脈では何を指すのだろう."知識"という語の伝統的な使い方の一つに"あの人は知識人だ"というのがある.

このように使われる,私たちの伝統的な意味合いでの"知識"は,管理の対象になるようなものだったのであろうか.本来"知識"という語で表していたのは,もっと属人的で,管理の対象になどならない,目には見えないものであったように,筆者には思われてならない.

以上のようなことをもち出したのは,データ・情報・知識という言葉を本書では,実は,情報技術の文脈で使われる専門用語として使っていくということを,再確認しておくためである.

本書でこれらの用語をどのような意味で使っているかは,第2章で少し掘り下げて検討する.少なくとも,日本語としての伝統的な意味とは相当異なるということを,ここでは捕まえておいてほしい.

本章では,何となく慣用的にこれらの語を使って,データ・情報・知識の"品質が低い"ということが,どのような不利益をもたらすものかを,ざっと考えたい.

1.2 データや知識はもてば役に立つか

　世の中には電子辞書，ウェブ百科事典というような"知識"を提供する機器やサービスが存在する．知識というと特殊な印象をもつかもしれないが，百科事典の各項目は一般的な意味では知識を提供している．教科書に書かれていることを情報と呼ぶのは何かそぐわない気がする．むしろ，知識と呼ぶほうがしっくりする．

　しかし，電子辞書を買っても，ウェブ百科事典にすぐつながるスマートフォンやタブレット型端末を手に入れても，あるいは教科書を買いそろえても，その人の能力が向上するわけではない．知識を所有することが，知識を使えることを意味するわけではないからである．

　筆者自身は，電子化された百科事典をノートパソコンにインストールしてもち歩いた時期があるが，自分自身の能力向上には，直接的には効果がなかった．百科事典へのアクセスが容易で便利になっただけだった．

　このような知識は，データとどこか違うところがあるのだろうか．筆者には，違いがあるとは思えないのである．

　データをせっせと収集して巨大なデータベースを作成したとする．このデータベースを所持することで，仕事の成果が高まるだろうか．事実として，私たちはウェブという巨大なデータベースをすでにもっている．確かにずいぶん便利な面もある．しかし，盗作問題，炎上問題，誤用問題，倫理や人権の問題など，負の側面も多様である．

データベースの効果は使い方による．"馬鹿と鋏は使いよう"という諺があるように，データや知識も同じことだ．使う側の力量や能力が問われる．そのような回答が一般的であろう．

このように考え進めると，よいデータや適切な知識を大量に保有しても，それだけでは何の役にも立たないことがわかる．それにもかかわらず，データや知識を保有することが究極の目的となっている情報化プロジェクトが多いのは，どうしたことだろう．

他方，データや知識が不足したのでは，競争力のある仕事はできないということも明らかである．

しかし，不良なデータや不適切な知識をいくらたくさん獲得しても，ごみの山にすぎない．ガーベジイン・ガーベジアウト（garbage in, garbage out：GIGO，"ごみでしかない情報から作り出せるのは，ごみのような結果だけ"）だからである．

この二つのことが，本書の基本問題である．よいデータ，適切な知識とはどういうもので，どうすれば獲得できるか．そして，それらを活用して高い成果をあげるにはどうすればよいのであろうか．

1.3 不備な大量のデータを訂正するのは高くつく

年金記録問題は，蓄積したデータの不備が高くつくことの典型的な事例と言える．

年金記録問題には"宙に浮いた年金記録""消えた年金記録""消された年金記録"という3種類の問題が含まれている．

① 宙に浮いた年金記録

　各所に分散した記録を名寄せした後に，名寄せできずに残ってしまったデータである．名寄せは同じ人の別々にある記録を一つにまとめることを言う．したがって，名寄せの後に残ったデータとは，だれの年金記録であるかがわからないデータである．

② 消えた年金記録

　本人が支払ったと主張するにもかかわらず，年金保険料の支払いを受けたという記録が残っていないことをいう．つまり，年金保険料支払いの記録そのものがないのである．過失で記入漏れとなったか，何かのミスによって失ってしまったために，存在するはずなのに，ないデータである．

③ 消された年金記録

　他の記録との整合性がないと判明したために勝手に改変された記録である．見かけ上の整合性を整えるために意図的に書き変えられたり，削除されたりしたデータのことである．

このような問題がなぜ発生するかの原因究明はさておくとして，ここではデータのこのような不備がいかに高くつくかを考える．

　政府は，こうした記録の不備を調査し，訂正し，あるいは補充するために，少なくとも3500億円をすでにつぎ込んだということである．それでもなお，宙に浮いた年金記録に関して言えば，名寄せできずに残っている記録が当初の約40％分あり，それをゼロにしようとすると，これまで以上にコストのかかる困難な作業を強いら

れるとされている[9]．

　年金問題なのだから特殊で，特にコストがかかる例であろうと思われる読者諸氏も多いかもしれない．しかし，そうではない．一般にデータの不備が原因で発生するコストは極めて大きいと言われている．

　データの不備が発生する前に，予防的な対応をしっかりするのがよいと考えられている．事後対応（reactive）よりは事前対応（proactive）が重要なのだ．

1.4　不備なデータをそのまま使ってしまうのも高くつく

　不備なデータを改善しようとすると高くつくということになれば，不備なまま，間に合わせて使ってしまうというのも一つの方法と考えるかもしれない．しかし，これもまた極めて多額の損失を発生させることが多い．

　このことのわかりやすい事例は，いわゆる"振り込め詐欺"である．

　もう何年も同じタイプの詐欺が頻繁に発生している．当事者ではない立場から見ると，どうしてそんなに簡単に引っかかるのかわからない．

　でも一つはっきりしているのは，与えられた情報が正しいのかどうかを確認してみようという姿勢が，被害者には全く見られないことである．それは当事者の気を動転させようとする犯人側の作戦に負けたということであるから，被害者にはお気の毒なことである

が，どのような情報であっても鵜呑みにせず，疑ってみるというスタンスの欠如が，根底にあるのではないだろうか．

警視庁のホームページに，典型的な振り込め詐欺の手口が紹介されている．世間慣れしていない高齢者や主婦が標的になりやすいようだ．

よく知られているように，

- 何かのことで失敗したので，至急にお金が必要であること
- 早急にお金の工面ができれば，失敗したとされる人の社会的体面が保たれること
- 失敗したとされる人に対して，愛情や温情をもつ人の気を動転させるような，緊急性を強調すること

などがポイントである．

しかし，多くの事例では，当人に連絡をとってみれば，詐欺であることが簡単にわかったはずのようだ．

2004年には，警視庁に特別捜査本部が設置されて，都道府県の各警察本部にも専門部署が設置された．2008年頃には250億円を超える被害があり，2011年度にも100億円を超える被害が発生したとのことである．

これは悪意で虚偽のデータを提供したことから発生するコストであるから，例外的だと思いがちであるが，企業活動の中でデータベースに不正確なデータが混在することによって発生するコストは，一般に極めて高額である．

米国郵便公社（USPS：United States Postal Service）では，十数年前，宛先不明の郵便の事後処理に多額の費用がかかっていたと

いう．郵便産業タスクフォースの 2001 年の報告書では，宛先不明で配達できない郵便の処理費用が，当時は毎年 19 億ドル（1 ドル当たり，当時 120 円と換算して，2 280 億円）であったという[22]．

これは，市民の転居データがダイレクトメールなどを利用する事業者の顧客データベースに反映されるのが遅かったり，全く反映されなかったりすることによる，USPS で発生するコストである．利用者である企業や個人の損失を加えれば，郵便産業全体ではその 2 倍の 38 億ドル（4 560 億円）の損失が見込まれるとしている．

不正確なデータや間違ったデータを使うことは，極めて高額の損失を伴うものなのである．

実態を知らないで過ごすことになるのだから，データがなければもっと悪い結果が予想される．品質管理の 4 M［人（man），機械（machine），材料（material），方法（method）］に，測定（measurement）を追加して 5 M にしたのは，当然の対応だったと言える．

1.5 正しくない知識は高くつく

企業活動を行ううえで必要な仕事のやり方に関して確立される様々な標準，規則，手順などは，企業に蓄積された知識と考えられる．実際，巧みな仕事の仕方は，企業にとっての競争力の源泉となる．

逆に，洗練されない，不安定な仕事の手順や標準は，時として多額の損失を招く．

Yahoo! BB の個人情報漏洩事件はその事例と言える．2003 年 8

月当時は，強力な販売促進活動が功を奏して，国内最多の加入者数を誇っていた．

その翌年の1月，Yahoo! BB は二百数十人の利用者の登録データが漏洩したことを公表した．しかし，2月末にはその数が実際は，約450万人であったことが判明する．

1月の時点で，Yahoo! BB 側は，漏洩した個人情報に関して脅迫されており，犯人が要求した額は30億円だったそうである．これは未遂に終わり，犯人は逮捕された．しかし，利用者のYahoo! BB に対する信頼に傷がつき，多くの利用者に非難されたこともあって，そのサービス会社は，各利用者に500円の商品券を贈った[19]．

このようなこともあって，最終的には，Yahoo! BB 側にとっては総額で100億円にも上る損失の原因となった．

問題は，なぜこのような漏洩が発生したのかである．

一般に，個人情報のような機密を要するデータの場合，その管理をする作業者がデータベースに接続する権限は慎重に管理されることが必要である．ところが当時，Yahoo! BB では，内部者であればだれでもデータベースに接続することが可能な状態であったと言われている．つまり，機密情報を守る社内規則が不十分であったのである．

これは情報通信事業という，製造業とはかけ離れた産業の事例である．しかし，仕事に関する社内ルールや作業標準が間違っているか，あるいは不十分であったがために大量の不良品・不適合品が発生して，多大な損失を被ることは製造業でも珍しくないことである．

近年頻発している，家電製品や自動車のリコールはその事例だと言える．設計か製造か，あるいは外注か，どこかで発生した情報の不足や誤りが原因であることは明らかである．

2012年9月に発生した，株式会社日本触媒 姫路製造所の火災に伴う大きな人的損害も，安全管理に関する情報の整備と共有が不十分であったためと考えられている[10]．

近年は難しい意思決定や課題解決に当たって，外部のコンサルタントを活用することも多くなっている．しかし，コンサルタントの選択やコンサルタントのアドバイスの採否の判断を間違うと，多大のコストが発生する危険がある．2011年に発覚したオリンパス株式会社の粉飾決算は，正にそのような事例と考えられる[1]．

1.6 正しい知識をもっていても正しく使わなければ高くつく

正しい手順や標準を設定すれば，それで十分かというとそうでもない．せっかく整備した手順や標準に関する，社内での実施が徹底されないために発生する損失も大きなものである．

ファーストサーバ株式会社は，立派な業務手順書を作っていた．しかし，ベテランエンジニアの一人は，この業務手順書に従わず，慣例的に自分独自に確立した手順に従って仕事をしていた[2]．

同社は顧客にサーバを貸与し，それを顧客に代わって運用するという，クラウドサービスが中心業務である．2012年6月，このサーバ群に不具合が見つかり，その解消のためにシステムの更新を行うことになった．担当者はこのベテランエンジニアである．

このベテランエンジニアは，いつものように自分独自の方法でシステム更新の作業を行った．業務手順書にもある，本番更新作業前のテストのために抽出した，一部の顧客向けのシステムを更新して，更新するプログラムが正しく動作することのチェックも行った．

　しかし，そのチェックが甘く，不十分だったのである．正しく動作すると思っていた更新プログラムによって，多数の顧客のデータがバッサリと消失されてしまった．

　さあ大変である．そのことがわかったので，消失されたデータを元に戻す作業をすることになった．ところが，そのような失敗を想定していなかったため，データの消失を想定した業務手順書を作成していなかった．同社は急遽考案した泥縄式の手順と方法でこれを行った．

　元に戻せるはずだったデータは，この作業の結果，顧客同士のデータが混ざってしまうという回復不可能な状態を生んでしまった．

　こうして同社は，多くの顧客に多大の迷惑をかけてしまった．この事故の金銭的な損失がどのくらいなのかはよくわかっていない．はっきりしているのは，情報資産を失った顧客の多くが，多大の損失を被るだろうということである．

　この事例の原因は，経験を集積して確立した業務手順をきっちりと守る態勢ができていなかったことにある．つまり，知っていたけれども守らなかったということなのである．

　そういえば，４Ｓ（整理，整頓，清掃，清潔）に"しつけ"が加

えられて5Sになったのは，4Sのことを知っていても実践できる態勢がなければ意味がないからであった．

1.7 データや知識の低品質から発生する損失はどれほどになるか

いくつかの事例を取り上げて，データや知識の品質の悪さが，大きな損失につながることを述べてきた．

ところで，平均的には，企業ではどれほどの損失を生んでいるのだろう．たまに，大きな損失の事例が生じても，大多数がそうでないのであれば，少しは安心できそうである．国内のデータはまだ公表されていないようである．研究が進んでいないのである．しかし，欧米については，ある程度はわかっている．

情報品質研究の中心的存在の一人で，情報品質関係のコンサルティング会社を経営しているイングリッシュ（Larry A. English）は，その著書[16]の冒頭に，低品質情報から大きな損害を被った86件の事例をあげている．これらはビジネスウィーク，ウォールストリートジャーナル，フィナンシャルタイムズ，ロンドンタイムズというような，著名で信頼性の高い刊行物に報告されたもので，アーサーアンダーセン，AT&T，GM，グーグル，モルガン・スタンレーなどの超有名企業や公的機関に関する事例である．

その損害総額は1兆1600億ドル（1ドル当たり，当時100円と換算して116兆円）を超えている．

これに，同書に掲載されている情報システムやソフトウェアの欠

陥によって生じたという36事例の損害を加えると，情報や情報システムの欠陥によってもたらされた損害は1兆2100億ドル（121兆円）に上る．情報システムの欠陥は利用者に提供する情報や情報利用サービスの劣化を生むから，この損害額は情報の品質の悪さから発生したものと言える．

大規模な損害の事例を集めているのは確かなのであるが，それにしても，1件当たり約100億ドル（1兆円）の損害である．これらの122件の事例は2009年までの20年間に発生したものである．1年当たり6000億ドル強（60兆円強）の損失になる．

もう一人の情報品質分野の著名人であるレッドマン（Thomas C. Redman）は，情報品質が悪いことによる損失は，どう低く見積もっても売上げ（revenue）の1割程度にはなると推定している．2割程度になるというほうがもっとよい推定になるだろうとも述べている[24]．

その他の金銭には換算しにくい損失として，

① 顧客の満足度の低下
② 従業員の職務満足と自信の低下
③ 経営管理者の意思決定に対する影響
④ BPR（Business Process Re-engineering：業務手順の改善）がやりにくくなる

などもあげている．

私たちは日々情報に依存して行動するので，必要な情報に欠陥があると，それを補って行動する．そのために，情報品質の問題はなかなか表面に現れない．しかし，どの企業・組織にもこの問題は広

く存在するのである．

1.8 品質の高い情報はうまく使えば確かに役に立つ

もっただけでは何の成果も生まない情報であるが，それを効果的に使えば，大きな成果を生むことはだれでも知っていることである．それは当たり前のことのように思われる．

しかし，効果的な使い方が，だれにでもできるわけではない．

ID野球（野村克也氏），IDバレー（眞鍋政義氏）など，スポーツ界で効果的にデータを利用するチーム戦略が注目を集めている．このIDは"Important Data"（重要なデータ）を省略したものである．IDバレーを掲げた女子バレーボールチームがロンドンオリンピックで28年ぶりの銅メダルに輝いたことは記憶に新しい．

SNS（Social Networking Service）を利用して製品に対するマーケットの反応や期待を収集分析して，営業や製品開発に戦略的に利用して成功したという例もよく知られている．例えば，インターネットショッピングでは，購買履歴を利用して，個々の顧客向けの商品案内を個別に作成することが行われている．これらは大量に集積された，いわゆる"ビッグデータ"の活用である．

営業担当者がスマートフォンやノートパソコンで会社の情報システムに接続して，訪問先の情報や製品の在庫データを獲得して，営業活動に利用することも普通に行われている．

製造の現場では"カンバン方式"が使われるが，これは"カンバン"を利用する在庫情報の伝達の方式である．情報システムが導入

されて"電子カンバン"が使われるようになった．工程管理もデータをどう使うかで，成否の分かれ道になることの好例である．

このように，情報を効果的に利用して成果をあげている例は枚挙にいとまがない．

しかし，こうした試みが成功するには，利用する情報や提供する情報が"よい"もの，"役立つ"もの でなければならない．

第2章 データと情報の違いは何か

1.1節（11ページ）で，情報技術に関連して使われることが多いデータ，あるいは情報という言葉は，伝統的な日本語にはない言葉であることを指摘した．また，知識という言葉も，伝統的な意味合いとは異なる文脈で利用されていることを指摘した．

この章では，これらの言葉を，本書ではどのような意味で使っていくのかを述べる．

2.1 サイバー世界とリアル世界

企業活動も私生活も，私たちが生身で行う行為であるから，ともにこの世の物理的世界で行う．これを"リアル世界"と呼ぶことにする．私たちはリアル世界で行動し，リアル世界からその成果や罰を受ける．そのために私たちは様々に工夫した手段を使って，リアル世界についての情報を獲得し，それに基づいて判断し，行動する．

リアル世界についての情報を獲得する手段は，大きく2種に分けることができる．その第1の方法は，対象に対して直接，自分の感覚を用いるものである．見たり，触ったり，舐めたり，嗅いだり，現実の音を聞いたりすることである．注意深く感覚を用いれ

ば，自分なりに正確で信頼できる情報を獲得できるだろう．

もちろん，それには個人差があるから，万人にとって正確で信頼できる情報であることは，保証の限りではない．それを保証できるかどうかは，検証して初めてわかることである．

第2の方法は，自分以外の人や組織，装置が獲得したものを利用するやり方である．本やテレビ，ラジオの放送，新聞や雑誌，人から直接聞くなどは，第2の方法に属する伝統的なものである．

第2の方法の最近のものは，コンピュータ等の"情報通信技術"（Information and Communication Technology：ICT，以下，"ICT"という）を利用して構築された情報システムを利用する．いずれにしろ，だれか，あるいは何かが作成した情報を読み，あるいは，見聞きすることで情報を獲得する．

このような情報をリアル世界から獲得したのは自分以外の人や装置などである．ウェブを利用する最新の技術を駆使しようともそれは変わらない．

したがって，第2の方法を使う場合，獲得する情報が正確で信頼できるかどうかは，情報を獲得した人や装置類と，情報の伝わり方によって決まる．この方法で獲得するリアル世界に関する情報は，あくまでも，自分以外の人や装置が入手したリアル世界に関する情報をもとにしている．

このように自分以外の人や装置類が表現したリアル世界に関する情報から形作られるリアル世界像の集合体を"サイバー世界"と呼ぶことにする．サイバー世界は，リアル世界の統一的で調和のある記述ではない．それは，種々雑多な視点や技術や思想に基づいて作

2.2 形式情報

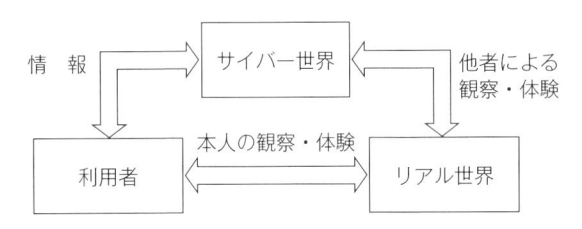

図 2.1 情報はリアル世界とサイバー世界から得る

成された多様な記述の総体である（図 2.1 参照）．

以上のように，私たちはリアル世界やサイバー世界から獲得する情報に基づいて，自分のリアル世界像を構築する．しかし，高度情報社会では，サイバー世界から獲得する情報が，リアル世界から直接獲得する情報に比べて，質はともかく，量は圧倒的に多い．私たちは，仕事も遊びも買い物も，生活のすべてにおいてサイバー世界に依存するところが極めて大きくなっている．

こういった事情があるので，サイバー世界から獲得する情報のよし悪しが，産業や個人生活，また，社会に対しても重大な影響を与える．本書は，サイバー世界から獲得する情報のよし悪しに興味がある．

2.2 形式情報

書籍，テレビの映像，ラジオの音声，新聞や雑誌，また，フェイスブックやツイッターなどのインターネットにおけるメディアは，すべて実在する．つまり，リアル世界の一部である．そのため，サイバー世界はリアル世界の一部であると結論づけたくなるかもしれ

ないが,そうではない.

前節で述べたように,サイバー世界とは新旧のメディア上に表現されたリアル世界の像である.つまり,メディアやメディア上の記録そのものではなく,メディアが表現する内容がサイバー世界である.

さらに,サイバー世界にはサイバー世界に関する記述があってもよい."ウィキペディアの記事には間違いがないとは言えない"というような記述はその類である.この記述は,リアル世界の一つのメディアに関するものである.したがって,それはサイバー世界の一部となる.

結論から言えば,何らかの形式の記述,あるいは描写の含意がサイバー世界なのである.

サイバー世界を提示する,こうした形式化された記述や描写を,本書では"形式情報"(formalized information)と呼ぶ.形式情報は何らかのメディアによって伝えられる.メディアもメディアの内容である形式情報も,ともにリアル世界の要素である.

これに対して,サイバー世界は形式情報の含意として表現されているリアル世界像を指す.

しかし,形式情報の作成者が表現しようと意図した含意が,その利用者が受け取る含意と一致するという保証は何もない.通常は異なるものであろう.

"芸術作品は作者の手を離れたら,作者の制作意図を離れて一人歩きする"と言われるのはそのためである.

リアル世界の受止め方は一人ひとり異なる.同様に,サイバー世

界の受取り方も一人ひとり異なる．形式情報はリアル世界の実在であるから，それぞれ唯一である．しかし，その含意は多様だということだ．

コミュニケーションの正確さが問題になるのはこのためだと言える．

2.3 データ・知識と形式情報

形式情報は何らかの形式でメディアに記述されていると述べてきた．他方，本書では，データ・情報・知識という言葉を ICT の専門用語として使うと，1.1 節で宣言した．

本書では，データと知識を合わせて"形式情報"と呼ぶことにする．つまり，データと知識という二つの言葉を，形式情報を指すために使う．

本書における"データ"とは，事実，状況，思想などを明示的に表現したものを言う．この定義では，芸術作品も写真も，数式も，小説も，具体的に表現されたほとんどあらゆるものがデータとなる．

製造部品の検査をして得る測定値はもちろんデータである．測定結果を $\bar{X}$ 管理図に整理したとする．これは製造ロットの特性を明示的に表現したものであるから，やはりデータである．

何らかの意図に従ってデータを処理した結果，例えば，$\bar{X}$ 管理図に整理したような処理結果は，一般的には情報と呼ばれるが，本書の言葉の使い方ではデータである．情報という言葉は，別の意味に

使う．

　このような言葉の使い方をする理由は次のとおりである．

　$\bar{X}$管理図に整理したデータを情報と呼ぶ裏には，$\bar{X}$管理図に整理した結果から品質特性を読み取る知恵が，利用者にあることが前提とされていると筆者は考えている．つまり，品質管理の知識をもっていて，それに対応づけて$\bar{X}$管理図から意味や問題を読み取ることができて初めて，情報が得られるのである．

　したがって，$\bar{X}$管理図に整理しただけであれば，これはデータでしかないと考えるべきである．元のデータに比べて付加価値が高められているから，これらを区別しようとするなら，"二次データ"とでも呼ぶのがよい．

　問題解決や判断，選択に役立つ形式情報を"知識"と呼ぶ．すなわち"$\bar{X}$管理図に整理したとき，上方管理限界や下方管理限界を外れるデータがあれば，それは品質上の問題がある兆候である"という文章があるとすれば，これを本書では知識と呼ぶ．

　同じことを一人の熟練主任が経験的に知っているとする．これは文章化されるまでは，他の人には利用できない．周りの人々は"私たちにはなぜかはわからないけれど，あの主任だけはわかる"と感じるであろう．

　第一，形式化されていないから，知識ではないし，もちろんデータでもない．本書では，このような個人的な（あるいは，組織的な）判断や選択や問題解決の力を"知的能力"と呼ぶことにする（以下，"知能"という）．

　学校教育は，知識を身につけさせて（これは，単純に"記憶す

る"ことではない），生徒や学生の知能を高める．同様に，様々な経験は私たちの知能を高める．知能は身につくもので，文章化することはできない．知能を描写することはできても，描写したからといって，その知能を身につけることができるわけではないからである．

教科書や百科事典にはデータも知識も含まれている．しかし，身につけるまでは，単なる形式情報である．身につけることで初めて，知能を向上させることができる．こう考えると，データや知識を"記憶する"ことと"身につける"ことの違いを意識しないわけにはいかない．つまり，5Sでいう5番目のSである"しつけ"の重要性が理解できる．

2.4 意味情報

形式情報の含意を"意味情報"と呼ぶことにする（図 2.2 参照）．

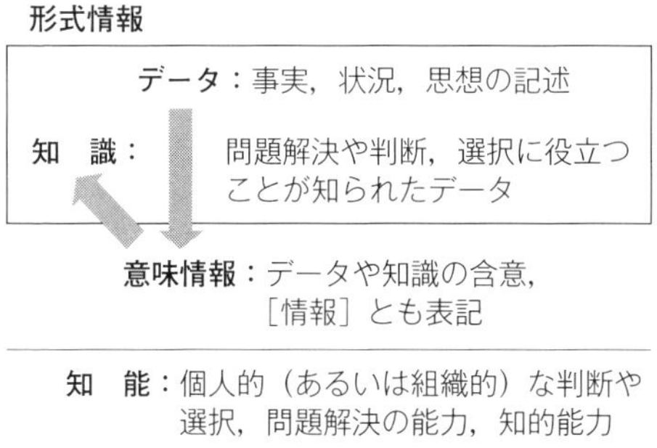

形式情報

データ：事実，状況，思想の記述
知識：問題解決や判断，選択に役立つことが知られたデータ

意味情報：データや知識の含意，[情報] とも表記

知能：個人的（あるいは組織的）な判断や選択，問題解決の能力，知的能力

図 2.2 形式情報と意味情報の関係

実は，含意は形式情報から"読み取る"ものであって，形式情報そのものではない．読み取るのに必要なのは，利用者の知能である．形式情報と利用者の知能の相互関係の中で含意は読み取られる．

同様に，作成者の知能と形式化の方法の相互関係の中で，意図する含意が付与された（はずの）形式情報が生み出される．

このような状況があるので，作成者が意図する含意を，その利用者がうまく読み取れるという保証は何もない．

形式情報を利用するとき，私たちは何かの課題や欲求をもっており，その解決や充足を求めている．ただ漫然と形式情報を眺めても，含意を読み取ることはないと言える．私たちは，形式情報に求めることが何もなければ，何も読み取らないであろう．

その意味では，利用者は形式情報から欲しいと思う含意を読み取るのである．

形式情報を提示することによって，課題を発見させたり，解決の糸口を見つけさせたりしようと考えるなら，形式情報の"読み方"を利用者に身につけさせ，その知能を培っておく必要のあることがおわかりであろう．

『広辞苑』の"情報"の項には，二つの意味が記述されている．一つは"あることがらについてのしらせ"であって，用例としては"極秘情報"があげられている．もう一つは"判断を下したり行動を起こしたりするために必要な，種々の媒体を介しての知識"で，用例として"情報が不足している"があげられている［新村出編(2008)：広辞苑 第六版，岩波書店］．

前者は本書の用語ではデータである."極秘情報"は"極秘データ"と言ってもよいわけである.後者は,本書の意味でのデータと知識の両方を含んでいると考えられる.

しかし,これら二つの意味の記述が暗に求めているのは,極秘情報や不足している情報の,利用者が現に直面している必要性に対する有効性を察知できること,すなわち,含意を読み取ることができることである.その前提が崩れれば,どちらも無意味な記述になるであろう.

つまり,情報という日本語の本質は形式情報の含意だと理解される.このような意味で情報という言葉を使う場合,本書で"[情報]"と[ ]をつけて表記したり,あるいは"意味情報"と呼んだりする.

本書で単に"情報"というときには,形式情報と意味情報の全体を指すか,どちらとも特定しないで漫然とどちらかを指すものである.

2.5 問題解決と情報

これまでに出てきた形式情報,意味情報(あるいは[情報]),データ,知識,知能という言葉の相互関係を整理しておきたい.

PDCAという管理のサイクルが示すように,問題の発見と解決はサイクルを形成するととらえるべきであろう.図2.3は,その一つのサイクルにおける情報利用の状況を示したものである.

あなたは,リアル世界のある注目している部分(例えば,ある工

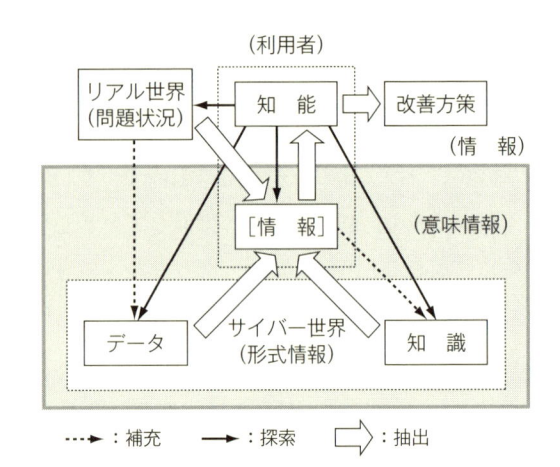

図中:
- (利用者)
- リアル世界(問題状況) — 知 能 — 改善方策
- (情報)
- [情報] (意味情報)
- データ — サイバー世界(形式情報) — 知 識
- ⋯▶:補充　―▶:探索　⇨:抽出

図 2.3 問題解決と形式情報

程のある作業)の,ある問題に気づいているとする.この解決,少なくとも改善を目指して,あなた自身でその作業や関連する範囲を観察したり,関係者の話を聞いたり,これまでの検査記録をチェックしたり,さらに,問題解決事例集を読んでみたりするであろう.

現在では,観察や体験以外の情報収集は,すべて,情報システムを使ってもできることを忘れてはいけない.つまり,前の段落に示した行動はほとんどすべて"形式情報"[=(データ)+(知識)]を収集し,利用する行動である.

あなた自身が問題状況を観察したり,体験したりして見つける情報は,実際には[情報]である.なぜなら,まだ形式情報に変えていないからである.あなたは,何かをつかむわけである.[情報]を発見できなければ,あるいは発見した[情報]が不十分であれば,あなたは形式情報から不足する[情報]を補おうとするであろう.

2.5 問題解決と情報

　［情報］を獲得するために，あなたは知能を働かせる．意欲が満ち満ちていれば，もてる知能を全開にするであろう．やる気がなければ，知能があってもその一部しか発揮しないであろう．

　このようにして獲得する［情報］に基づいて，あなたは，問題状況をよりよく理解し，その改善策，あるいは幸運ならば解決策を見つけ出し，これを実施するであろう．

　こうした経験によって，あなたの知能が高められるかもしれない．その経験を事例集に記載することで，知識を増大させるかもしれない．問題となる工程や作業に関するデータが増えるかもしれない．採用した対応策の成果がデータとして残されるかもしれない．

　こうして強化された知能と形式情報を利用しつつ，問題状況があったリアル世界の"その後"を観察することで，さらなる問題状況の発見をすることができるであろう．

　以上で，本書での言葉の使い方について，ある程度は理解していただけたと思う．本書の言葉の使い方には，通常の使い方と特に異なっているところが2点ある．

　第1点は，データとか知識とかの言葉で指し示すことができるような情報でも，だれかの"アタマ"の中にだけあって，まだ形式化されていないものは"［情報］"又は"知能"という言葉で表現する点である．

　第2点は，もとのデータが処理されてグラフや表に示されたり，文章で表現されたりしたとしても，それが判断や選択，問題解決などと関連づけられて［情報］や知識に変換されていない限り，"デー

タ"と呼ぶことである.

2.6 情報の品質を考える

ここまでの考察を"情報の品質"とは何かという問いと結びつけると,形式情報の品質と意味情報の品質とに分けられることに思い至る.

実際,情報の品質に関する研究分野では,"情報品質"という言葉が使われる一方で,"データ品質"という言葉も使われる.その使い方を調べてみると,データ品質とは,主として,本書の意味でのデータの品質を指す.これに対して情報品質は,"データ＋知識",すなわち形式情報の品質と［情報］の品質の両方を包含した意味に使われている.

知識は,形式情報のうち,判断や選択や問題解決などと関連づけられたものを言うことから,知識の含意のよし悪しは,それに基づいて行う判断や選択,問題解決のよし悪しによって判断されるべきである.しかし,知識には形式化のよし悪しという側面もある.例えば,$\bar{X}$管理図の使い方を説明した形式情報には,わかりやすい表現のものと,そうではないものがあることは,容易に想像できる.

そのため,本書では,知識の形式化した記述・表現としてのよし悪しを,データの品質に含めることにする.他方,知識の判断や選択,問題解決への有効性としてのよし悪しは［情報］の品質に含めることにする.

整理すると,私たちは知識も含めた形式情報をデータと呼び,そ

の形式的な側面の品質をデータ品質という言葉で表し，データの意味的な側面を［情報］品質の枠組みでとらえる．そして，その両方を包含する用語として"情報品質"を使うことにする．

　本書がテーマとする"情報の品質"は，以上のような使い分けの中では"情報品質"に相当する．

第3章 データ品質を規定する主要な特性について

本章の目標はデータ品質，すなわち，データの品質とはどういうものかを理解することである．

3.1 情報システム経由で利用するデータに話を集中する

データには，伝統的なもの（対話，書籍，新聞や雑誌，ラジオやテレビの放送，映画やレコード，CDなど）と情報システムから提供されるものとがある．

伝統的なものも，形式化されているのであるから，ディジタル化して情報システムを利用して扱うことが，原理的には可能である．しかし，伝統的な形式化には文化や習慣，社会通念というような，画一的な扱いの難しい側面が内包されている．こうした文化的社会的な多様性からくる立論上の難しさは，情報システムを通す場合，かなり軽減される．というのは，情報システムは人工システムであり，おおむね計画的に構築されるものだからである．

そこで本章では，情報システムを通して提供されるデータを中心にしてデータ品質を考察する．

このようなデータを利用者が利用するまでには，おおむね図3.1に示した過程をたどる．

制作(収集・整備・入力)	流通(貯蔵・検索・伝送)	利用(入手・変換・理解)
規則　組織 技　術	規則　組織 技　術	規則　組織 技　術

情報システム
(設計・開発・運用)

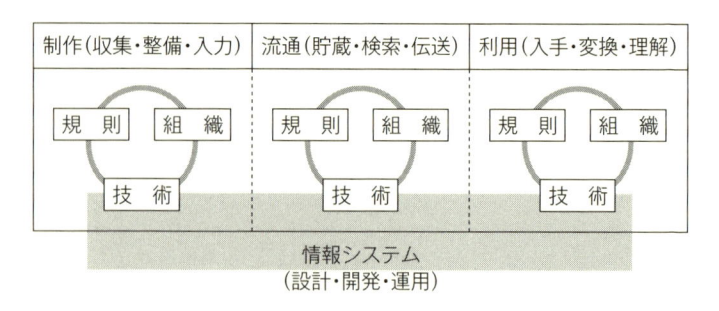

図 3.1 データの制作・流通・利用の3フェーズ

　仮に情報システムを設計し，開発して，それを日々運用しているとする．情報システムは何台もの大型コンピュータを含む大規模なもののこともあるであろうし，表計算ソフトウェアを利用する簡易で極めて小規模のもののこともあるであろう．

　情報システムでデータを扱うには，制作するフェーズ，それを利用するフェーズ，そして，この両者の橋渡しをする流通のフェーズが必要である．これら三つのフェーズには，ハードウェア・ソフトウェアからなる技術的な側面が不可欠であると同時に，それらのフェーズを利用し，運用管理する人的組織，並びに人的組織が情報システムを利用するに際して課される様々な規則が必要である．

　組織を構成する人々の間で情報交換が行われなければ，つながりは生じないから集団でしかない．つまり，人的組織は情報によって組織となる．その場合，情報は情報システムを経由することも，また，経由しないこともあるであろう．したがって，本来，情報システムとは人的情報システムとICTによる情報システムを総合したものである．しかし，本書ではICTによる情報システムだけを

明示的に検討対象にする．人的情報システムはその利用者として，ICTによる情報システムを評価する立場として扱う．したがって，本書では，ICTによる情報システムを指して，単に情報システムという．

本章では，このような情報システムを通して提供され，利用されるデータのよし悪しに影響を与える要因を検討する．

3.2 データの欠陥の原因はどこにあるか

情報システムを開発するには，設計の段階で，それがリアル世界のどの部分を対象とし，対象に関するどのようなデータを扱うのかを定める．その際，扱うデータの値の範囲が決められる．この過程において，データの欠陥の原因が生じる．ここでは，どのような欠陥の原因がありうるのかを考察する．

データを利用するとき，利用者はデータからリアル世界の状況を読み取る．しかし，適切なデータが利用できなければ，そこから読み取るリアル世界の状況は，現実の状況と一致しないことになる．この様子は図3.2に示すようなものである．

データはリアル世界を何らかの方法で何らかのメディアを使って記述したものである．利用者はこのデータの含意を読み取る．それによってリアル世界の状況Rを知ろうとする．

状況Rはデータが記述しているはずのリアル世界の状況であるが，客観的にただ一つの状況が存在するとは限らない．リアル世界を直接観察したとしても，人によって，組織によって，その把握す

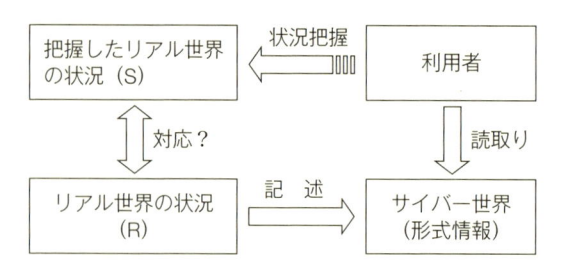

図 3.2 データとリアル世界の状況 R の関係

る内容は異なるものだからである．

　データの制作者がリアル世界を観察して表現しようとした状況 R と，作成したデータから知ることができる状況 S が一致するか，という視点からデータの欠陥を考察する．

　情報システムでは一般に，あるモノ・コトを表現するデータは，そのモノ・コトのいくつかの特性についての記述の組合せである．

　例えば，顧客を記述するのであれば，顧客名，顧客番号，住所，電話番号，FAX 番号，担当者名などの記述を組み合わせたデータを制作する．そのようなデータを集めると，顧客名簿となる．

　このような一覧データを扱う情報システムを設計するときには，記述することが必要な対象のこのような特性（ICT 用語では"属性""欄"，あるいは"フィールド"と呼ばれる）について，そこに入れられる値の範囲を定める．そうしなければ，情報システムがもつべき機能を具体的に規定することができないからである．

　どのような種類の一覧データを扱うか，一覧データ相互の関係はどのようなものか，各一覧データはどのような属性の組合せとするか，各属性の値はどの範囲で変化できるとするか，などを定める記

述を"メタデータ"と呼ぶ［5.1節（79ページ）参照］．

　各属性の値を定められた範囲の中から選んで記述することで，制作フェーズのデータが作成される．このとき，選ばれた値とリアル世界の実際の状況Rとの対応が適切でなければ，データが示すサイバー世界の状況Sは，状況Rを正しく反映していないことになり，これがデータの欠陥を生む．

　もう一点，データの欠陥を生じる要素がある．それは，リアル世界の状況Rにおける，ある属性の値の選択が，データの制作者と利用者で異なる可能性があることである．

　例えば，顧客名を考える．利用者が略称で呼び慣れていて，正式名称を使うことはないとする．こういうときには，利用者は略称でこの顧客に関するデータを検索しようとするであろう．しかし，制作者が正式名称で顧客名簿のデータを作成していれば，この利用者は，求めるデータを見つけることができないかもしれない．

　しかし，ここでは状況を簡単にするために，制作者と利用者との間にそのような不一致はないものと仮定する．これはデータの欠陥を，定めた値の範囲が適切であったかどうかを原因とするものに限定して検討するということである．

　このような限定のもとで，発生しうる欠陥を次節に整理してみる．

3.3　データの欠陥を類型化する

　図3.3はピピノ（Leo Pipino）ら[23]を参考にして作成した．
同図の左側がリアル世界で，そこに示された◇，○，★は，ある

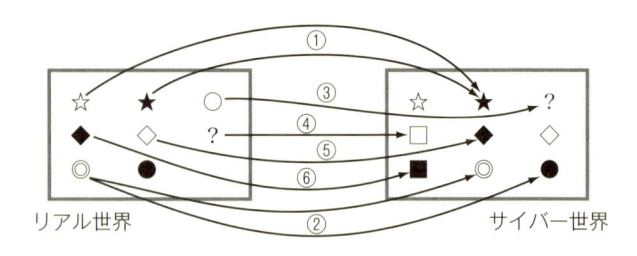

図 3.3 リアル世界とサイバー世界の対応関係

モノ・コトのある属性の異なる値を示す．異なる値は，リアル世界のそれぞれ異なる状況 R に対応する．

同図の右側はサイバー世界で，そこに示された◇, ○, ★は，情報システムの設計の段階で扱うことが定められた属性の値の範囲に含まれる個々の値を示す．これらがデータとして記述できるし，また，制作者が記述するかもしれない状況のすべてだと，情報システムの設計段階で予想したものである．

このとき発生しうるデータの欠陥を同図の中の○つきの数字番号で示し，その説明を表 3.1 にまとめた．

①は，リアル世界の二つの状況を同一の一つのデータで表現してしまう場合を示す．異なる顧客なのに（例えば，略称を用いたために）データとしての顧客名が同じになるなどの場合が相当する．データ★が提示されても，リアル世界の顧客★なのか，☆なのかを特定することができないので，多義的な表現と言える．

②もやはり多義的な表現の例だが，こちらはリアル世界の一つの状況◎が二つのデータ◎と●で記述される場合である．例えば，顧客の正式名称と略称がともに顧客名として使われて，二つのデータ

3.3 データの欠陥を類型化する

表 3.1 データ欠陥の類型

多義的な表現 1	リアル世界では異なる状況 R が一つのデータ S に対応する……①
多義的な表現 2	リアル世界の一つの状況 R に複数のデータ S が対応する……②
不完全な表現	リアル世界の状況 R に対応するデータ S が存在しない……③
無意味な表現	リアル世界には対応する R が存在しないデータ S が存在する……④
歪曲 1	リアル世界の状況 R に対応させたデータ S は別の状況を表す……⑤
歪曲 2	リアル世界の状況 R が架空のデータ S に対応する……⑥

が作成される場合に相当する．

③は，設計の段階で定められた値の範囲に，リアル世界の状況○を記述するものが存在しない場合を示している．例えば，顧客名が長すぎて，顧客名として予定された文字数に収まらないような場合が相当する．データとして記述できる名前の中には，リアル世界の状況に対応する値がないので，不完全な表現と言える．

④は，データの値に対応するリアル世界の状況が存在しない場合を示している．例えば，受注年月日の欄に"平成 25 年 4 月 31 日"という日づけを記入することができるとき，このようなことが発生する．これはリアル世界では意味のないデータであるから，無意味な表現と言える．

⑤は，リアル世界の状況が◇であるのに，間違って，◆のデータ値を使ってしまった場合を示す．データはリアル世界を歪曲した値

をもつことになる.

⑥も同様に,リアル世界を歪曲した値をデータがもつ場合を示している.しかし,⑤の場合には,データの値◆に対応するリアル世界の状況◆があるのに対して,データの値■に対応するリアル世界の状況はない.

⑤と⑥の歪曲は,属性の値の範囲を規定する際の間違いが原因で発生する,あるいは記入ミスで発生することが考えられる.

3.4 データの欠陥の具体例をあげてみる

リアル世界に赤と黒の状況がありうるとき,本当は赤なのに間違って黒と表現すると,これは歪曲1に相当する.1.3節(14ページ)で説明した"消された年金記録"のうちの改変されたデータも歪曲に相当する実例である.ただし,リアル世界の状況には対応するものがない状況になるので,歪曲2に相当する."消された年金記録"のうちの実際に消されてしまったデータはすでにサイバー世界に存在しないのであるが,もともとはリアル世界で行われた支払いに対応するものであった.したがって,不完全な表現に相当する.

ある企業では,営業担当者が新規顧客データを登録すると,その手数料を支払うというルールを作って,営業意欲を引き出そうとした.しばらくして,顧客データを調べてみたところ,同一の顧客が異なる呼称でいくつも登録されていた.これは多義的な表現2に相当する.

3.4 データの欠陥の具体例をあげてみる

ある焼酎メーカーでは，以前は5年貯蔵したものを古酒としてある製品名で販売していた．しかし，法律が変わって，3年以上貯蔵したものを古酒として販売してもよいことになった．それ以降，このメーカーは3年貯蔵の古酒を以前には5年貯蔵の古酒に使っていたものと同じ製品名で販売した．実際は，瓶を変え，ラベルを変えたのであるが，製品名だけを見ると，これは多義的な表現1に相当する．

21世紀が間近になったとき，"2000年問題"が一時，世界を賑わした．これは多くのソフトウェアで，西暦年を下2桁だけで表すということをしていたことから発生した．2000年は"00"と表現され，1900年の"00"と区別できなくなる心配があったのである（幸い，事前の対応がうまくいって大きな混乱は発生しなかった）．これも多義的な表現1の例である．

我が国の郵便番号は前半が3桁，後半が4桁の数字である．しかし，でたらめな組合せを書き込むと，該当する地域のない郵便番号になりうる．これは無意味な表現の例である．

また，1.3節で説明した年金記録問題の"宙に浮いた年金記録"は，ミスによって見かけ上は無意味な表現になってしまったデータの例と言える．それがリアル世界のどの状況（だれのいつの支払い）に対応するかを探索して発見できれば，欠陥を訂正できる．

なお"消えた年金記録"は，リアル世界ではあったと主張されている状況に対応する記述がないのであるから，これは不完全な表現の例と言える．

知識に分類されるデータに対しても，データの欠陥の概念を適用

できる場合がある．一般に，多くの知識はある特定の環境でだけ有効なものである．

ニュートンの運動方程式は，静的な空間には有効でも，光速に近い宇宙飛行を精密に論じるには，むしろ相対性理論のほうが有効になる．宇宙飛行というリアル世界の事象に運動方程式を応用しようとすることは，実は，歪曲1に相当すると言える．

3.5 使いやすさもデータ品質として重要である

データの値に関係するよし悪しを"欠陥"として議論してきた．しかし，データ品質は値のよし悪しだけでは評価できない．そのことは，マサチューセッツ工科大学（MIT：Massachusetts Institute of Technology）で行われた，有職であるか，あるいは実務経験のあるビジネススクールの大学院生を対象にした調査結果[26]からも見ることができる．

この調査では，最初にデータ品質の特性を表すと考えられる語句をアンケート調査で収集した．その結果179個の語句が集まった．これを類似性の高いものを除くなどして118個に絞った．

次の調査では，これらの語句に"極めて重要"の1から，"重要でない"の9までの9段階のランクをつけてもらった．この調査で，重要性が低いとランクづけされたものを除いて，さらに特性を絞った．その結果，99特性が残った．

この99特性に対して因子分析という統計処理を施して，重要な"因子"を見つけ出した．さらに調査を続けた結果，最終的に16

個（ないしは15個）の因子が残された．これらの因子は，統計分野の伝統に従って"次元"と呼ばれている．

表3.2は，16個の次元を示したものである．ただし，各次元の説明は，本書の説明に即して理解しやすいように，筆者が独自に作成したものである．

表 3.2 データ品質次元

	次　　元	説　　明
固有品質	誤りのなさ	リアル世界を正確に記述するデータが提供される．
	客観性	値には意図的傾向的な偏りがない．
	信用性	意思決定や判断に自信をもって利用できる．
	評判のよさ	情報源や提供されるデータの評判がよい．
利用品質	入手容易性	必要な人が必要なときに労せずに入手できる．
	安全性	各データは利用権限をもつ人だけが接近できる．
	操作しやすさ	必要に応じて容易に柔軟に操作できる．
文脈品質	関連性	利用目的にとって必要な範囲を網羅している．
	付加価値の高さ	データを利用すると付加価値を高められる．
	タイムリーさ	最新のデータを欲しいときに入手できる．
	完全性	あるべき値が漏れなくある．
	量的適切さ	利用の目的と能力から見て適切な量である．
表現品質	解釈しやすさ	値や表示の解釈に曖昧さがない．
	理解しやすさ	含意を読み取りやすい整理や提示の仕方である．
	簡潔な整理	それぞれのデータは簡潔でわかりやすい様式で提供される．
	首尾一貫した整理	提供する様式や色，フォントが首尾一貫している．

固有（intrinsic）品質：データの値そのものにかかわる次元で評価する．

利用（accessibility）品質：データを利用しようとするときの便利さや安心にかかわる次元で評価する．

文脈（contextual）品質：データを利用する目的や環境との適合の高さにかかわる次元で評価する．

表現（representational）品質：データが提示される際の表現や表現様式にかかわる次元で評価する．

表3.2の中の"誤りのなさ"と"完全性"の次元は，3.3節と3.4節で議論したデータの値に関する欠陥の有無に強く関係する．これらの次元は，情報システムが扱う属性の種類や属性値の範囲や属性値の定義などに強く影響を受ける．

しかし，残りの14個の次元は，データの値以外の要因によって左右されることに注目する必要がある．

"簡潔な整理""首尾一貫した整理""タイムリーさ"及び"安全性"の次元は，情報システムのソフトウェア的，あるいはハードウェア的な機能とその運用にかかわる次元と考えられる．

以上の6個の次元には表中で網掛けをした．それは，これらが情報システムの技術的仕様に依存するという点で共通するからである．つまり，これらの次元に関することは，情報システムの設計・開発の際に，システム仕様の一部として決定される．

残りの10個の次元は，利用者の期待を満足させられるかどうか，あるいは，利用目的の達成に効果的であるかどうかにかかわる．例えば"関連性"を左右する，利用したいデータの範囲は，

利用目的，あるいは解決しようとする課題によって決まる．GUI（Graphical User Interface）形式は利用目的に即したデータ要求をしやすくするので，入手容易性を高めると考えられる．"付加価値の高さ"を左右するデータ利用の成果は，利用目的の達成の程度と効率性によって決まる．

このように，利用目的にかかわる次元が過半を占めることがわかる．このことはデータ品質を高めるには，利用者の意向を十分にくみ取った情報システムの設計・開発が，いかに重要かを物語っている．

データ品質を高めるためにも，一般の製品やサービスの場合と同じく，マーケットインのアプローチが重要なのである．

なお"操作しやすさ"の次元は，データのファイルフォーマットと処理ソフトウェアの機能に関係する特性なので，"表現品質"に含めることも考えられる．

3.6 データ品質の諸次元をよく吟味する

表 3.2（51 ページ）は，それ自身がデータである．そこで，これを利用して"理解しやすさ"の次元について少し考察することにする．

99 個の語句を因子分析によって類似のものをまとめて整理した結果，表 3.2 の 16 個の次元が構成されたことを説明した．このことは，次元の名前がある種の"ラベル"として使われていることを意味する．

"誤りのなさ"は，正しい (correct)，正確 (accurate)，間違いない (flawless)，精密 (precise)，信用できる (reliable)，間違いはすぐ見分けられるなどの語句の集まりに対してつけられたラベルである．

"完全性"はこれに対して，誤りの有無は問わず，データがカバーする範囲や深さ，また，視野の広さなどを問題にする．言及すべき事柄を漏れなく含むことを意味する．幅 (breadth)，深さ (depth)，データに含まれる情報の視野 (scope of information contained in the data) という語句の集まりにつけたラベルである．

"客観性"の説明は，反意語として使われることが多い主観性には言及していない．その理由は，このラベルをつけた語句の集まりには，客観的 (objective) のほかに偏りがない (unbiased) も含んでいるからである．これが利用目的から見た満足の程度を評価する次元に分類されているのは，客観的であるかどうか，偏りがあるかどうかの判定が利用目的に照らして行われるべきだからだと考える．

"関連性"は，利用目的にとって，必要，かつ，十分な範囲に及ぶ種類のデータが含まれていることを指す．単に関連しているだけではなく，関連の核心にあること，重要な関連のある範囲を網羅していることを求める．このラベルの下には，興味深い (interesting)，適用できる (applicable)，使える (usable) という語句が，関連する (relevant) のほかに含まれている．

"理解しやすさ"と"解釈しやすさ"は，日常的な意味としてはよく似ているが，ここの文脈では全く異なる．"理解しやすさ"

は，簡単に理解できる（easily understandable）のほかに，明快である（clear）と判読しやすい（readable）という三つの語句の集まりにつけたラベルである．これに対して"解釈しやすさ"は，もともと一つの語句"interpretable"だった．通訳を意味する英語が"interpretation"であることからも推測できるが，これはデータの値がリアル世界の何に対応するのかがわかりやすいことを指している．

"簡潔な整理"と"首尾一貫した整理"も，それぞれ意味の似たいくつかの語句の集まりにつけたラベルである．それらの語句の意味を総合的に勘案して，表3.2のような説明としている．

次元の名称のもとになった語句を知ることによって，次元の説明が表3.2のようになっている理由をよく理解できたことと思う．残りの8個の次元についても同様のことを行うとよいのであるが，紙数の都合上，割愛する．ワン（Richard Y. Wang）らの論文を是非参照してみてほしい．

表3.2の次元の説明の中には，次元の名称から受ける印象とは，かけ離れていると感じられるものがある．次元の含意をよく知るためには，名づけの理由を理解することが必要なのである．

同様に，情報システムから提供されるデータの含意を正確に読み取るには，それを定義する情報システム設計・開発担当者やデータ制作者の文化的社会的背景までも知る必要がある．

言い換えれば，データの含意を読み取るには，制作者と利用者との間に，データの値や表現に関する合意，ないしは共感のあることが不可欠である．

3.7 データ品質次元や次元の意味は分野によって異なる

ビジネススクールの大学院生を対象にした MIT の調査結果を本書に即して説明したものが表 3.2 であるから，これは経営分野におけるデータ品質の重要な特性を反映している．

表 3.2（51 ページ）のデータ品質次元を生み出したワンらの研究では，データの範囲を限定しなかった．そのため"評判のよさ"のような，個々のデータ値よりも，むしろコンサルティング企業の調査報告書のような知識のほうに，強く関係する次元も含まれている．

データ品質として重要な特性が分野によって大きく異なることを見るために，経済・金融統計の場合を見てみることにする．

企業活動がグローバル化した昨今では，経営にとっては各国の経済・金融の状況を知ることも重要である．そのために使えるデータとして経済・金融関係の各国統計データがある．

国際通貨基金（IMF：International Monetary Fund）も，加盟各国の経済・金融に関する統計データを必要とする．そこで IMF は，加盟国の経済・金融統計を収集し，利用するとともに，一般の利用にも供している．

しかし，加盟各国の経済・金融統計を IMF 自身が調査するわけではない．加盟各国が独自に作成する経済・金融統計を収集するのである．そこで，加盟各国が作成する統計データが，相互に比較可能なデータ品質を確保できているかどうかが問題になる．正確な統計がとれる国もあれば，それが困難な国もあるからである．

3.7 データ品質次元や次元の意味は分野によって異なる 57

　IMF は"データ品質評価の骨子"（DQAF：Data Quality Assessment Framework）を制定して，各国が調査収集する経済・金融統計データのデータ品質評価のガイドラインとして利用している[13]．

　DQAF にもデータ品質次元に相当するものの定めがあり，例えば，一貫性，入手容易性に関する規定がある．しかし，これらは前述の経営分野におけるものと，名称が同じでもその内容は大いに異なっている．

　"一貫性"は，表3.2の"首尾一貫した整理"とは全く別の特性である．DQAF における一貫性とは，経済・金融統計を構成する各統計が一貫した思想のものとで企画されており，それが毎回一貫して使われていることをいう．

　このような意味での一貫性は，経営分野では，経営管理の一貫性の観点から当然満たされていることが前提となっており，取り立てて特性として言及する必要のないものである．

　"入手容易性"とは，DQAF ではデータについて，理解しやすさが確保されて適切な形態で公開され，加盟各国が公平に利用できることとされている．また，"メタデータ"については，最新の適切なメタデータが利用できることとされていて，加盟各国が利用者に提供するメタデータを選定する際の考え方を示している．

　このような DQAF の一貫性と入手容易性の規定は，経済・金融統計が加盟各国独自の仕組み（情報システム）で提供されるという実態を反映したものだと考えられる．つまり，加盟各国の仕組みができるだけ均質になることを目指しているように見える．この傾向は，DQAF が規定する他の項目についても同様である．

3.8 データ品質次元の間にはトレードオフ関係がある

データ品質の改善を検討するに際して留意しなければならないことの一つは、データ品質次元には互いにトレードオフの関係にあるものが存在するという点である。特定のデータ品質次元を特によくしようとすることは、別のデータ品質次元を悪化させるかもしれないのである。

(1) 誤りのなさ vs. 完全性

完全性を高めるには関係表（81ページ参照）の1行の入力を漏れなく行うことが求められる。他方、1行のすべての欄に漏れなく正しい入力値をそろえるには、手数や時間をかけることが必要である。

完全性を高めようとすると、正しいことが確認されていない入力値を使う誘惑が常に伴う。正しいことが確認できた値だけを入力して誤りのなさを高めようとすれば、完全性を損なう傾向が強まる。

(2) タイムリーさ vs. 誤りのなさ，完全性

タイムリーさを高めようとして、データの最新性を高めるかもしれない。その実現には迅速な入力作業が必要であるが、それはともすると入力作業の正確さを失う原因になりやすい。

(3) 入手容易性，操作しやすさ vs. 安全性

入手容易性や操作しやすさを高めるためには、利用者の情報シス

テム及びデータへの接触を容易にする，多様な操作が可能なようにするということが，効果があるのであろう．しかし，こうしたことは攻撃や侵入への防御を弱める危険がある．

逆に，安全性を高めるために資格認定や認証を厳格にしようとすると，利用者にとっては煩わしさが増して入手容易性や操作しやすさが低下するかもしれない．

（4） 理解しやすさ vs. 操作しやすさ

理解しやすくする方法の一つは，データの読み方をシンプルにすることであるが，データの操作をしやすくするのは，何通りもの読み方を用意することに通じる．なぜなら，操作の結果として得られるデータは操作ごとに読み方が異なるかもしれない．

利用目的に応じてデータを操作しやすくすると，利用者は操作ごとに異なる結果のデータを理解しなければならない．

（5） 関連性 vs. 簡潔な整理，理解しやすさ

関連性を高めるために必要なデータの種類や量が多くなるにつれて，簡潔に整理すること，理解しやすさを維持することはより困難になる．

第4章 情報品質はデータ品質とどう違うか

　情報品質は，データ品質と［情報］品質を総合したものであると第2章（2.6節，38ページ）で述べた．前章ではデータ品質に集中して論じた．ここでは，データ品質と［情報］品質の相違を中心に検討する．

4.1　情報品質は"利用への適合性"の程度で評価する

　経営分野における情報品質は，一般に"利用への適合性"，つまり"利用者の利用目的にどれほどフィットしているかである"と定義されている．前章に紹介した経営分野のデータ品質次元は，この定義に基づいて整理されたものである．

　よく知られていることであるが，品質の概念をこのように顧客満足の観点から定義したのは，TQM（Total Quality Management）のカリスマ的な実践者・研究者であるジョセフ・M・ジュラン（Joseph M. Juran）である．

　この定義は"適合性"に焦点を当てている．しかし，適合性を評価すべき対象について，生産者の欲求，使用者・利用者の欲求及び社会や世界に対する配慮などの観点から見て，どの段階における適合を考えるかによって，品質の概念は大きく変化する．

司馬正次(筑波大学名誉教授／元 MIT 客員教授)とワルデン(David Walden)[25]は6段階で"適合"を考えることを推奨している(図4.1).これによれば,品質概念は,最終的に社会と地球の環境に適合する製品を目指すように進化していかなければならないのであるが,最初は,設計と製造計画で定めた標準を満たすことが目指されるとしている.

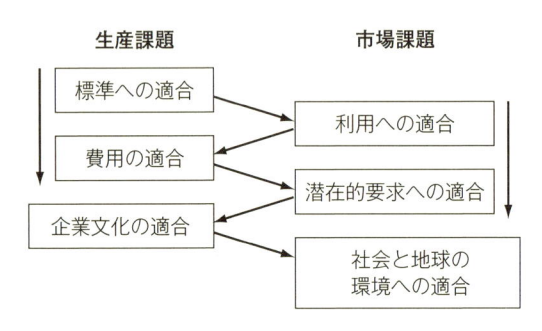

図 4.1 6段階で見た適合性概念

しかし,製品が利用者を喜ばすことができるためには,設計自体が利用者の要望を取り込んでいなければならないであろう.したがって,企業は利用への適合を目指すようになる.

そのような製品も市場が求める価格で提供できなければ,利用者の欲求を満たすことができない.そこで,そのような価格づけが可能な製造原価が達成できるような費用目標への適合を目指さなければならなくなる.

品質管理がこの段階を達成できるようになると,企業はさらに,利用者自身も気づいていない潜在的な要望を掘り起こすような製品を志向するようになるであろう.スティーブ・ジョブス(Steve

4.1 情報品質は"利用への適合性"の程度で評価する

Jobs) が目指したモバイル端末は，まさにそのようなねらいをもったものであった．

そのような製品の開発には，当初，開発プロジェクトごとに，集中的に特別の努力を傾けると考えられる．しかし，さらに進化して，そのような製品開発を継続できるようになろうとするならば，そのような先進的先導的な製品を追求する風土や姿勢が企業の中に育てられるであろう．

最終段階では，使用者，利用者，及び生産企業の欲求に適合するばかりではなく，社会や自然にも適合することを目指すべきだとしている．

このような品質概念の進化段階を念頭に置いて，前章で紹介したワンらのデータ品質次元を見直すと，表 3.2（51 ページ）の網掛けをした 6 個の次元は，情報システムの設計案に規定された事柄，すなわち，生産課題への適合を志向するものであるとわかる．情報システムの開発に際して設計されたとおりのデータが収集され，蓄積されて設計されたとおりに提供できる．このことが目指されるわけである．

しかし，それが利用者のデータ利用目的を満たすためには，利用目的に即したシステム設計，すなわち，市場課題への適合が求められる．それを達成することで，残りの 10 個のデータ品質次元の品質をよくすることができると考えられる．

4.2 想定文脈と実際文脈の違いと情報品質の関係

情報品質を高めようとするのであれば,将来発生する潜在的な利用要求への適合を目指すのでなければならない.

なぜなら,昨今の変化の速い経済・経営環境のもとでは,情報システムを設計してから開発して,運用を軌道に乗せるまでの間に,企業環境に大きな変化が生じる可能性が高いと考えなければならないからである.

このことを,想定文脈と実際文脈という概念を用いて説明することにする.

図4.2は,左側に情報システムの設計・開発を行う情報システムの提供者側,右側に情報システムを通して生データを制作し,そうしてできたデータを利用する利用者側を示している.ここで利用者側は,データの制作ではなくデータの利用フェーズを念頭に置いて

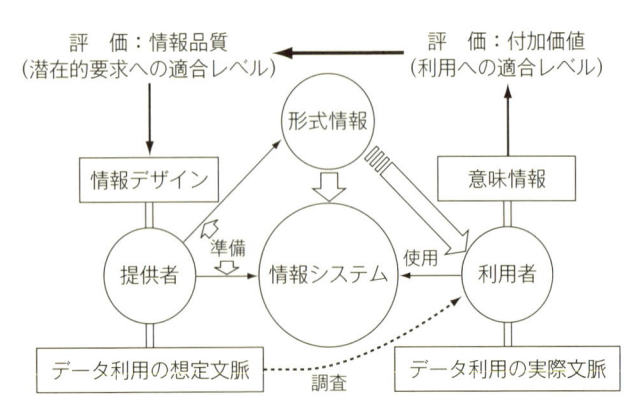

図 4.2 想定文脈と実際文脈のレベルの違い

4.2　想定文脈と実際文脈の違いと情報品質の関係

描かれている．

一般に，利用者にとって，情報がよかったか悪かったかの評価は，仕事の成功・失敗への情報の寄与の大きさによるであろう．情報品質を利用への適合の程度で評価するとすれば，大成功に導く情報はよい情報であり，高い品質の情報である．

データ（形式情報）が仕事の成功に何らかの貢献をするものとして，2.5 節（35 ページ）での議論に基づくならば，それは利用者がデータから有益な含意，すなわち，意味情報を読み取ることができたからである．意味情報，あるいは [情報] は，利用の目的に応じてデータから読み取られるものである．

利用目的が発生する経営の状況を "実際文脈" と呼ぶことにする．"実際" とつける理由は次による．

データを利用して，利用者が解決，あるいは改善したい問題は，経営活動の流れの中で発生する．これは利用者がデータを活用したいと考える実際問題が置かれている経営管理上の文脈である．言い換えれば，利用者がデータの含意を探る文脈である．

これに対して，情報システムを設計する際に想定される，データの活用が必要になる問題状況が発生すると予想される経営管理上の文脈を "想定文脈" と呼ぶ．想定文脈は予想するものであるから，将来表面化する潜在的要求を探る必要がある．

想定文脈が設定されて，情報システムの設計に利用される時点から見ると，この情報システムが実際に運用される将来のどこかの時点で，実際文脈に応じて利用者が情報システムから得られるデータを利用することになる．

情報システム設計の際に行われる，値の範囲からメタレベルまでのデータに関する規定 [5.1節（79ページ）]，そして，それに基づいて収集され，蓄積されるデータの処理と利用者への提供に関する設計は，一般に"情報デザイン"と呼ばれる．

情報デザインは，ウェブの普及とともに注目を集めるようになった考え方である．しかし現在では，情報労働者がどこにいてもモバイル端末を利用して，データを活用することができるようになり，ビッグデータが経営戦略上の重要な資源となっている．このような時代には，よい情報デザインを実践して高い品質を実現することは，企業の情報システム開発において，ますます大きな課題になっている．

情報品質とのかかわりで考えると，情報システムの設計における情報デザインがこの想定文脈の設定を必要とする作業である．利用者がデータを必要とする文脈を予想することによって，必要なデータと知識の範囲や，それらを使用者に提供する際のサービスの仕方を設計することが可能になる．

しかし，想定文脈と実際文脈は，食い違うことが多いという実態がある．すなわち，情報システムの設計・開発の立場で，情報品質を高めようとするなら，潜在的要求のレベルでの適合を目指す必要がある．したがって，市場課題への適合の程度を高めることが必要なのであるが，これは生産課題への適合の程度を高めるのに比べて格段に難しい．

4.3　想定文脈と実際文脈が違うとはどういうことか

"文脈"という言葉自体にわかりにくいところがあるので，ここでは文脈が異なる二つの事例を示して具体的に説明することにする．

事例[1]　データに対する期待の違いが含意の違いを生む例

ある企業の工場における生産日程計画の例である．この工場のある部署で，生産日程計画を作成する情報システムの導入計画がもち上がった．そこで，生産技術部門は，生産日程計画の市販ソフトウェアを広く調査し，この部署の状況で使いやすいと考えられるものを選択した．

システム導入の目的は生産効率と納期順守率の改善であったことから，選択されたソフトウェアは納期厳守を制約としながら，負荷平準化を実現する日程計画機能をもっていた．この機能は，前工程の予定完了時刻と後工程からの要求納期を利用する．これらのデータは関係部署から情報システムを通じて提供されることが確認できた．

また，この部署の従業員の作業能力に関するデータ，生産設備の機能や生産能力に関するデータはすでにデータベース化されていることも判明した．さらに，生産技術部門では生産現場とのミーティングを重ねて，生産計画に際して考慮しなければならない，様々な制約条件を整理した．日程計画機能はこれらの制約条件を取り込む仕組みを有しており，正に，当初のねらいどおりの改善された日程計画が作成できることを確認した．

現場監督者に対して，過去の実績データを使ってソフトウェアのデモンストレーションを行い，作成される日程計画のよさも確認されたので，いよいよ導入が決まって本格運用が始まった．

その後の生産状況を観察すると，製造技術部門の用意周到な準備と根回しの効果が功を奏したのか，導入したソフトウェアは大きな混乱もなく利用されて，導入効果も上がっていた．

しかし後になって，見込みと大きく異なる実態が明らかになった．現場では，前工程や後工程から様々な変更要求が日々入る．それは予定完了時刻や要求納期の緊急の変更ばかりではなく，顧客重要度の変化による納期順守の重要度の変更，前工程や後工程の進行の進みすぎや遅滞への対応，生産設備の故障や整備による生産能力の変動，従業員の休暇取得による変動など，極めて多くの追加データや修正データの入力が必要なことが多く，現場ではその入力作業の負担に耐えられなかったのである．

結果的に，ソフトウェアが作成する日程計画を，そのまま実施することは不可能な状況が生じた．

それでもソフトウェアの導入効果が高かった理由は，ソフトウェアが出力する生産日程のガントチャートの操作性が極めてよく，自動作成された生産日程を，入力しきれなかった条件変化に応じて，現場監督者が柔軟に変更できたからであった．

製造技術部門にとっては，ソフトウェアが自動作成する生産日程は実行日程であって，これに従った製造活動が行われるはずだった．しかし，現場にとっては，参考日程としての意味しかなく，実行日程は状況変化に応じて現場監督者がダイナミックに変更したも

のだった．

　製造技術部門が設定した想定文脈では，実際文脈で極めて多く発生した変更要求への配慮が大幅に不足していたということである．

　想定文脈に基づくソフトウェアの選択においては，日程計画を変更する機能の操作性は評価対象として重要ではなかった．自動作成された生産日程を変更できる機能は付随的なものだったのである．

　しかし，実際文脈では，この機能こそが最も効果的な中心機能となったのである．日程計画を変更する機能の操作性がよかったから幸運だったものの，そうでなければこのプロジェクトは失敗に終わるところだった．

事例[2]　仕事の手順がデータの含意を変えてしまう例

　実務においては，情報を利用する文脈は，仕事の手順にも強く影響される．ある営業担当者が新しい顧客を登録する場面を考える．

　営業はチームで活動することから，担当者は，登録しようとしている顧客を他の担当者がすでに登録したかどうかを調べる必要がある．そのための登録作業の流れは，次のようになるであろう．

① 既存の顧客名簿を調べて，この顧客のデータがあるかどうかを確認する．

② もしあれば，既存のデータを検索して，改訂の必要な部分があるかどうかを確認する．

③ もし必要があるならば改訂する．必要がなければ，作業を終了する．

④ 顧客名簿にこの顧客のデータがなければ，新たに登録する．

実務を担当する営業担当者から、このような仕事の手順の重要性を強調して情報システムの設計担当者に伝えられれば、設計担当者はこの手順に沿った情報処理手順を設計して、情報システムの設計に反映させるであろう．

しかし、営業チームから与えられる情報が"営業担当者は新しい顧客については、これを新規登録し、既存顧客については、必要部分の改訂をする"と要約整理されたとする．実は、情報システムの専門家は、上述のような手順を聞いて、その内容を整理するとき、このように簡潔に記述してしまう傾向が強い．これは情報システム分野の文化が、そのような傾向をもっているからだと筆者は考えている．

すると、情報システムの設計担当者は、顧客名簿に関するデータ処理をするソフトウェアに、新規登録、検索、更新という三つの機能を組み込むであろう．その際、これら三つの選択肢をもつメニューを準備するのは自然な成り行きである．

というのは、情報システム分野の技術者にとっては、顧客名簿のようなデータベースに対して、新規登録、検索、更新という3種類の作業が行われるのは常識だからである．また、一般のデータベースソフトウェアには、それらの機能があらかじめ準備されていて、上述のような構成のプログラムを作成することは極めて簡単である．

この例では、情報システムの設計担当者が理解した文脈、すなわち想定文脈は"営業担当者は顧客新規登録、顧客検索、顧客データ更新という3種類の作業を行う"というものである．

しかし、最初に述べた営業担当者が作業をする実際文脈は"まず検索し、その結果に応じて、新規登録か顧客データ更新のどちらか

を行う"というものである．この手順に沿ったメニューを用意することができれば，上述のような三つの選択肢を並べただけのメニューの場合に比べて，格段に作業効率が高まるであろう．

なぜなら，想定文脈の場合，利用者はまず選択肢"検索"を選んで，顧客名の有無を確認してから，あらためて選択肢"新規登録"か"顧客データ更新"を選択して作業を始める必要がある．

これに対して，実際文脈に従った場合には，最初から検索画面を表示しておくことができる．そうすることで選択肢を1度選ぶだけで作業ができるようになる．

この事例[2]のように，想定する作業のイメージが実際の作業内容や手順と異なって，メニュー構成や画面表示の内容に実際文脈を反映することに失敗すると，情報システムから提示されるデータ（表示内容）が，利用者に対して作業手順の変更を強制するような含意をもつようになることがある．

4.4 想定文脈は効果的効率的な情報システムを規定する

前節を読んで"なんだ，こんなことか"と感じた読者諸氏も多いことと思う．実際に"文脈"を実務に沿って言い直すとすれば"仕事をする状況"ということになる．とはいうものの"文脈"を用語として選んだのには理由がある．

"状況"というと，今仕事をしている，正にその場の状況を思い浮かべやすい．しかし"仕事をする状況"というとき，そこには現に行っている作業をそのように規定している，様々な経営環境も含

めて考えるべきなのである．

　前節の事例[2](69ページ)では，顧客名簿への登録だけを取り上げて説明している．しかし，最初に検索が必要なのは，この会社では営業活動をチームで行っているからである．

　また，顧客名の新規登録をするのは，営業担当者にとって便利だというだけの理由であろうか．それとも，実際に取引が成立したとき，見積書や請求書，納品書，領収書など，取引にかかわるあらゆる部署の，あらゆる作業に活用するためであろうか．

　前節は結果的に前者のケースを想定した記述になっている．この場合には，取引処理に関係する他の部署では，それぞれの部署が利用するデータベースに顧客データを再入力することが必要になる．一般に，このときに各部署が入力する顧客名が，営業の顧客名簿における顧客名と確実に一致するようにすることは極めて困難なことが知られている．例えば，正式にはXXX株式会社であるのに，XXX(株)と省略するかもしれない．

　もし，後者のケースを想定したらどのような違いが出てくるであろうか．例えば，ある顧客に売上げを計上する場合には，まず，その顧客名を顧客名簿と関係づけしてから，売上げ処理をするように情報システムを設計するであろう．

　また，顧客名簿にまだ登録していない顧客への売上げが発生するかもしれない．そのような場合には，まず，顧客名簿に登録してからでなければ，売上げ処理をできないような仕組みにするであろう．

　前節の事例[1](67ページ)であれば，ソフトウェアの選定は，自動作成された生産日程のよさよりも，日程計画の変更機能の柔軟性

4.4 想定文脈は効果的効率的な情報システムを規定する

を中心にして行ったほうが，よかったかもしれない．

このように想定文脈が異なれば，結果として，効果的効率的な情報システムは異なったものになる．当然，顧客名を記述するための属性の組合せや生産日程を表示する画面の構成も異なるであろう．

前節の二つの事例は，利用する現場の実態が情報システムの専門家にうまく伝わらなかった場合を示した．別の事例として，経営トップの戦略が伝えられなかった場合を考えてみる．

ある企業は国内市場だけを相手に製品を販売している．その状況を前提として情報システムが設計され，開発された．ところが，情報システムの実運用が始まってほどなく，海外への販売も始まった．

こういうケースは，昨今のグローバル経済ではよくあることだ．

想定文脈は国内市場での販売だけに配慮したものであるが，実際文脈は海外取引も扱わなければならないのである．するとどうなるであろう．例えば，製品の英語名称が必要になる．請求書や納品書などの伝票類には英語の表記が必要になる．

このような状況では，国内市場だけを前提にして開発された情報システムは極めて不便である．そのような情報システムが提供し，処理することができるデータには，国内市場だけを相手にしていた時期に比べて，利用目的にはそぐわないところがいくつも出てくるであろう．

以上のように，想定文脈と実際文脈が異なると，情報品質を低下させる様々な事態が発生することになる．

4.5 想定文脈とデータ分析の関係について

情報システムの設計と開発の観点からすると，実際文脈は将来に発生するものである．

将来に発生する実際文脈を予想して，想定文脈に組み込むためには，経営陣の長期的展望や実務の現場の実情と動向に関する情報を，情報システムの設計段階で的確に把握する必要がある．そのうえで情報システムを利用する企業では，ICTや情報システム構築技術の動向に通じた情報システム部門が，ICT活用についての見識を発揮することがさらに必要である．

特に，データ品質の利用目的にかかわる諸次元は，利用者が利用目的に応じてデータを検索・収集し，これを処理して好ましい形態のデータを作成するという，データ分析に強くかかわるところである．

しかし，データ分析の手法には疎い利用者が多いものである．

例えば，表計算ソフトウェアには，極めて豊富なデータ分析機能が備わっている．また，備わっていない分析機能が必要な場合には，後から追加することも容易である．それにもかかわらず，こうした分析機能を実際に使う利用者は，利用者全体の中のほんの一部でしかないと言われている．

それはなぜであろうか．分析機能をうまく利用するにはいくつかの前提条件を満たすことが必要である．例えば，

① どのような分析結果が当面必要とされるのかを判断する．
② 必要な分析結果を得るために，どのようなデータを，どの範囲で，どの期間について必要なのかを判断する．

③ 必要な分析結果を得るには，どのような分析手法を利用すればよいのかを判断する．

④ 分析結果をどのような形式で表示すればよいのかを判断する．

などである．そのうえ，分析手法は数学的なものが多い．よほど素養（と意欲）のある利用者でなければ，独力でこれをこなすことは困難であろう．

情報システムの設計段階で行われる要求分析で，どのようなデータが必要なのかを適切な程度まで具体的に指摘することは，利用者にとって難しいのである．

したがって，情報システムへの要求を整理する段階で，実務担当者・監督者と情報システムの設計担当者や意思決定支援の専門家が意思疎通を円滑にできるように，日頃から準備をしておくことが必要である．このことについては7.7節，8.2節，9.3節などでもう少し突っ込んで議論する．

4.6 情報システムに組み込んだ意思決定支援環境は大きな成果を生む

そうした困難を克服して，情報システムにデータの望ましい処理方法を組み込むことに成功すれば，大きな成果がもたらされる．

その好事例は，コンビニエンスストアのセブン-イレブンにおける第6次総合情報システムに組み込まれた，店舗における単品管理の"意思決定支援環境"である[3]．これは，"仮説―発注―検証"

という管理サイクルを想定して構築されたものである．

コンビニエンスストアでは，通常は毎日，店舗の商品の補充のための発注作業が必要である．各商品について在庫を確認し，見込み販売量を加味して発注量を決める．見込み販売量を予想するには，天気のよし悪し，地域でのイベントの有無とその内容，販売実績の動向などのデータを利用する．新商品を店舗に置くかどうかを判断するには，もちろん，商品データを参考にする．

同社では第5次までの情報システムでも，これらのデータを店舗で利用することができるようになっていたそうである．しかし，いくつかの商品をまとめて発注量を検討するのに便利なようには，これらのデータが提供されていなかったという．

そこで，第6次では，全店舗への無線LANの導入及び携帯型の発注端末である"GOT"（Graphic Order Terminal）を展開し，発注・品ぞろえ業務に必要なデータ（天候，イベント，CM，キャンペーン，各種商品情報，自店舗情報 等）を相互に関係づけながら提供できるようにした．

その結果，これらのデータを発注や売場づくりに十分活用できるようになった．このことによって各店舗における品ぞろえと売場づくりのための単品管理の作業（情報収集・共有 → 現状分析 → 仮説 → 発注 → 検証）を，従来のシステムよりも効果的効率的に支援できるようになった．

このシステムは全国一律のシステムである．地域差をうまく取り込むことができなければ，実際文脈との違いが大きくなる可能性がある．

このシステムでは提供するデータ項目は全国共通であるが、データの内容は地域特性を反映できるようになっている．イベント情報は各店舗で入力が可能であるし、天気予報も地域に合わせた情報を提供する．そしてなにより、最終的に発注量を決定するのは各店舗の発注担当者である．

利用の場面（文脈）に応じたデータの活用と意思決定者の感覚や判断を重視する方式を採用することによって、このシステムでは実際文脈の多様性に効果的に対応できるように工夫されている．

4.7 データ品質と［情報］品質の関係

本章は［情報］品質を中心課題にしているのであるが、ここまでは文脈の話が中心だった．本節ではデータを利用する文脈の検討が、なぜ高い［情報］品質を実現するために必要なのかを述べることにする．

まず［情報］は明示的に記述されるのではなく、それを獲得するためには、データを利用するしかないことをあらためて確認しておく．

データ品質の次元として"付加価値の高さ"が加わっていることに違和感を覚えた読者諸氏がいるかもしれない．それは的を射た感覚である．実は、データ品質を評価するのに、この次元を評価することは極めて少ない．それはこの次元が［情報］品質の属性そのもの、あるいは［情報］品質の定義そのものだからである．

経営の文脈においてデータを利用する目的は、利用者の担当業務の付加価値を高めることと言える．

もちろん，担当業務の具体的な内容は異なるであろう．しかし，担当者にとっての究極の目的は，その業務からできるだけ大きな付加価値を生むことであるということは共通している．そのことは，各業務が経営活動における価値連鎖の一つの鎖であることを思い出せば，容易に理解できるであろう．

担当業務から大きな付加価値を生むためにデータを活用するには，その入手が容易で，［情報］を読み取りやすい量，値，表現で提供され，さらに，いろいろな処理を加えて［情報］を探すことができ，探し当てた［情報］をうまく表示できることが望ましい．

利用目的カテゴリの各データ品質次元は，正に，それを評価しようとするものである．情報システムを利用して［情報］を集めようとする場合，どのデータがどのように提供されるのかが肝要なわけである．

それならば，データ品質と情報品質はほとんど同じ意味ではないのか，との疑問が沸くであろう．実際，これら二つの言葉をほぼ同じ意味で使う研究者たちもいる．

しかし筆者は，全く異なると考えている．その理由は，どのような［情報］が求められているのかを出発点にして，利用者に提供する製品としてのデータとそのサービスの仕方を検討することを抜きにしては，データ品質を高めることは不可能だからである．

情報デザインが，［情報］品質を高めることを目指すことによって，利用目的に関係の深い適切なデータの選択，そして，それを利用者に提供するというサービスのあり方の設計が可能になるのである．この点については第9章（145ページ）でさらに検討する．

第5章 データ品質次元の評価尺度を考える

3.5節（50ページ）で述べたように，データ品質次元は多方面にわたる．ということは，データの多様な側面を評価するということである．それを可能にするためには，次元が評価しようとするデータの特性に応じた評価尺度を工夫する必要がある．この点を本章では検討する．

5.1 データ品質をどのレベルで評価するか

リアル世界のあるモノ・コトを記述するために，そのモノ・コトのいくつかの属性の組合せ（レコード）を定め，各属性の値が取りうる範囲を定めることが，情報システムの設計の段階で行われることを3.2節（43ページ）で述べた．

日常の世界では，こうした定めは，はるかに柔軟性をもっているが，それでも全く定めがないわけではない．私たちは情報システムに比べてはるかに柔軟で，高性能な情報処理ができるので，それでもデータ処理が可能なのである．

情報システムの設計では，データとして記述するモノ・コトの範囲を定め，それぞれのモノ・コトについて，上述のような属性の組合せと各属性の値の範囲を定める．さらに，それぞれのモノ・コト

に関するデータ間の関係を規定する．例えば，受注記録と顧客名簿の関係として，受注記録に記述する顧客名は顧客名簿に含まれていなければならない，というような関係を規定する．

このようなやり方をすると，一つの種類のモノ・コトのデータは表形式のイメージになる．顧客名簿の例を表 5.1 に示す．

表 5.1 顧客名簿の例

顧客名	種別	住　所	担当者	電話番号	営業
愛田商事	良	350-1176 川越市	A	090-…	X
仕事(株)	優	263-0052 千葉市	C	070-…	Y
学寮社	優	162-0843 新宿区	S	080-…	Y
真実社	可	069-0843 江別市	D	010-…	X
義理銀行	優	930-0012 富山市	B	090-…	Y

備考　斜線はその欄のデータ値に誤りがあることを示す．

実際には"営業"欄の値となる営業担当者は，別の表，例えば"従業員名簿"に詳細な記録があるのが普通である．企業の情報システムでは，ほかにも多くの表が使われるのが一般的である．製品リストや受注記録表も含まれるであろう．

それらの中には，表 5.1 の例において，顧客名簿が従業員名簿の記録と一定の関係を満たさなければならないように，相互に一定の関係を維持しなければならない表の組合せがある．その一方で，他の表とは全く無関係な孤立したものもある．

データを組織的に蓄積して保管する場合，その対象とするデータを鳥瞰し，整理して記述する．その場合に手本として参照する整理の思想がいくつか提案されている．そのような整理の思想を"デー

5.1 データ品質をどのレベルで評価するか

タモデル"と呼ぶ．

蓄積して保管するデータ全体を，いずれかのデータモデルに従って整理して記述したものを"概念スキーマ"と呼ぶ．

表 5.1 のような表形式を基本とするデータ構造の整理の仕方を"関係データモデル"と呼ぶ．関係データモデルに基づく概念スキーマに沿って構築されるデータベースを"関係データベース"と呼ぶ．関係データベースは概念スキーマに記述されている表の集まりとなるが，それらの表は関係データモデルの規則を満たしているという意味で，"関係表"と呼ぶことにする．本書では，関係データモデルに基づく情報システムを想定している．

概念スキーマには，関係データベースについて少なくとも五つのレベルが記述される．それらは，各属性の値（値レベル），各属性の値を記入する欄（欄レベル），モノ・コトを記述するための属性の組合せ（レコードレベル），扱うモノ・コトの範囲（表レベル）とモノ・コトの間の関係（整合性レベル）である．そして，これらのレベルについて体系的に記述をしたものが概念スキーマである．この概念スキーマの記述データを"メタレベルのデータ"，あるいは"メタデータ"と呼ぶ．メタレベルを含めた六つのレベルのどこにでも，3.3 節（45 ページ）で示したようなデータ欠陥が発生する恐れがある．

それぞれのレベルの欠陥について，簡単に説明する．

① 値レベル：予定されていない値が使われる可能性がある．
例えば，"白"とすべきところなのに，間違って"臼"とか"ホワイト"と表現するかもしれない．この例は"誤りのな

さ"の次元に影響する．

② 欄レベル：組み合わされたすべての属性に値がなければならないにもかかわらず，値の記入がない欄があるかもしれない．これは"完全性"の次元に影響を与える．

③ レコードレベル：あるモノ・コトについて記述するすべての属性に対する欄を並べたものをレコードと呼ぶ．欄の組合せが異なるレコードは，リアル世界では異なる種類のモノ・コトを記述する．

　例えば，顧客レコードと取引先レコードというように，顧客と仕入れ先などの取引先を分類する．しかしリアル世界には，どの種類に入れたらよいのかわからないものや，複数の種類に該当するものが出てくるものである．

　仕入れ先のある企業が顧客でもあるというような場合である．そういうモノ・コトを記述しようとすると，欄が用意されていない特性が重要である，あるいは値を決めることが困難な欄があるというようなことが発生する．これらのことは"関連性"や"解釈しやすさ"の次元に影響を与える．

④ 表レベル：概念スキーマ作成の際に見落としがあったり，作成後に経営環境の変化が生じたりすると，概念スキーマに規定されているどの関係表でもしっくりと記述できないモノ・コトが出現することがある．そのような場合にどれかの関係表を使って記述すると，そのモノ・コトは十分な記述ができず，歪曲や重複の原因となることがある．

⑤ 整合性レベル：本節冒頭の顧客名簿と従業員名簿の関係の

ように，モノ・コト相互間の関係が規定されることがある．
それを満たすかどうかが問題になる．満たさない場合，無意
味な表現や不完全な表現が発生する．
⑥ メタレベル：当初決めた属性の組合せは適当だったとして
も，時とともに必要な属性が増えるかもしれない．もちろ
ん，減ることも考えられる．ある属性の値の範囲が，時とと
もに変化する可能性もある．例えば，最初は6色だった製
品カラーが12色に増えるとか，逆に，売れ筋のゴールドと
黒の2色に絞るということが考えられる．

　このようにメタデータがリアル世界を十分に反映していな
い場合，他の五つのレベルの欠陥の原因になる．

5.2 データの何を評価するのかを検討する

多様な内容をもつ各データ品質次元の評価に際して，データのどのような特性に注目すべきかを整理したのが表 5.2 である．

技術仕様とある欄が網掛けされているのは，この欄に対応する 6 個の次元が，表 3.2（51 ページ）で網掛けされていたことに対応する．3.5 節（50 ページ）で述べたように，これらの次元は情報システムの設計にかかわる技術的内容が評価のよし悪しに強く影響することから，技術仕様という見出しの欄にまとめた．

残りの 10 個の次元を利用者期待という見出しの欄にまとめた．その理由は，これらの次元が目的を達成しようとする利用者の期待を満たす程度を評価するものだからである．

表 5.2 データ品質次元が注目するデータ特性

		次　元	評価すべき特性
製品品質	技術仕様	誤りのなさ	各属性値の正しさ，数値の精度など
		完全性	必要とされる属性のすべてにデータ値があるか
		簡潔な整理	提供されるデータの重複のなさ，表示形式のわかりやすさ
		首尾一貫した整理	提供データの単位，色合い，フォント，様式の一貫性
	利用者期待	解釈しやすさ	データ値の解釈が共有されているか
		量的適切さ	提供データの量が利用目的に対して適切か，集約の程度は適切か
		関連性	利用目的に照らして必要十分な範囲のデータか
		理解しやすさ	判読しやすく，意図が明快で，わかりやすいか
		客観性	同じさ加減や相違の程度がわかりやすいか
サービス品質	技術仕様	タイムリーさ	揮発性に応じた最新さ，必要に合ったタイミングであるか
		安全性	アクセス制御の確かさ
	利用者期待	操作しやすさ	利用者自身がデータを操作しやすいか
		入手容易性	入手の手続き・手順が煩雑でないか
		信用性	元データやデータ処理は信用できるか
		評判のよさ	提供データに対する周囲の評価はよいか
		付加価値の高さ	利用成果の評価は高いか

表 5.2 の上から順に 9 個の次元に"製品品質"という見出しがつけられているのは，これらの次元が提供されるデータの値と表現様式を評価するものだからである．品質を改善するには，情報システムから利用者に提供するデータを，情報システムが製造する"製

品"と見なすのがよいとする,ワンらの主張に基づくものである.同様に,残りの7個の次元につけられた"サービス品質"という見出しは,これらの次元が製品としてのデータの提供の仕方を評価するものだからである.

次元の欄のそれぞれの網掛けのパターンは次のような意味である.薄いベタ塗りのパターン ▨ は,個々のデータ値の特性,縦縞のパターン ▨ は,特定の属性の組合せに対するデータ値の特性,横縞のパターン ▨ は,提供されるデータ全体の特性に注目する次元であることを示す.

また,左下がりの斜線縞のパターン ▨ は,ソフトウェアの設計やデータの出力様式の設計にかかわる次元であることを示す(横縞のパターンを施した二つの次元は,この分類に入れるほうが適切かもしれない).網掛けがない箇所は,システム全体の運営管理にかかわる次元であることを示す.

評価すべき特性の欄の各次元に対する説明は,表 3.2(51 ページ)に示した各次元の定義に基づいて,関係表のデータやそれを利用して構成される出力を念頭に置いて導き出したものである.したがって,状況によっては別の特性に注目するほうがよいことも起こりうることに注意されたい.例えば,ウェブの情報検索結果を念頭に置くのであれば,製品品質の各次元についてデータ値ではなく,記述内容を評価するほうがよいことが多いであろう.

なお,表 5.2 の"タイムリーさ"次元の評価すべき特性の欄にある"揮発性"については,5.4 節(2)項(90 ページ)を参照されたい.

5.3 データ値の"誤り"の種類について

情報システムに保存されたデータに存在する"誤り"は多様である．

データが事実を正確に反映していれば，正しいデータと言えるわけであるが"事実の正確な反映"とはどういうことなのかは，慎重に検討する必要がある．

データ値の誤りが問題になるのは，データの制作と利用のフェーズである［3.1節（41ページ）参照］．データの制作フェーズでは，誤りを未然に防止したいので問題になる．利用フェーズでは，データから得られる［情報］を利用することの可否や，活用の仕方の判断の材料に利用したいので問題になる．

データ品質を評価するのは利用フェーズである．データ利用の時点では，データが記述する事実そのものとデータ値を直接突き合わせることはできない．記述対象となった事実はすでに過ぎ去ってしまっているからである．

したがって，データ値の誤りを判定するには，データの定義，すなわち概念スキーマと比較する．定義に照らしたとき，データ値がそれに合致しているかどうかを判定するのである．

表5.1（80ページ）で示した顧客名簿の例では，顧客名，住所，担当者，電話番号などは属性につけた名称，つまり，属性名である．属性名はその欄の意味を関係者の間で共有できるように，普遍的でわかりやすいものが使われる［ただし，属性名から思い浮かべる意味が，関係者の間で同じになるという保証はどこにもない．

9.3 節の納期に関する記述（150 ページ）を参照されたい］．

属性の意味が規定されると，その属性が記述する対象と対象の範囲が規定される．そのことから，対象をどのように記述するかを規定することができるようになる．顧客名であれば，製品の販売先企業が対象であり，営業活動の対象範囲から記述対象となる販売先企業の範囲が自ずと規定される．

記述対象の範囲が限定されると，その欄のデータ値の取りうる範囲が限定されるため，データ値の記述ルールを定めることができる．例えば，電話番号は 10 桁以内の半角アラビア数字，住所は 30 字以内の全角文字などである．これを"構文規則"（syntactic rule）と言う．

（1） 構文規則を守らないデータ値は，"構文誤り"（syntax error）があると言う．構文規則を守っていても，データ値が記述対象範囲には存在しえない値であるとき，これを"意味誤り"（semantic error）があると言う．これは無意味な表現［図 3.3（46 ページ）］に対応する．厳密に言えば，意味誤りがあるかどうかを判定するには，正しい値を知っている必要がある．

一つの欄の値としては誤りがなくても，他の欄の値と結びつくと意味誤りになることもある．例えば，電話番号欄の値が，電話番号の値としては誤りがなくても，その顧客の電話番号としては誤りであるかもしれない．住所と郵便番号が整合していないのも同様の誤りである．

(2) 各関係表は，現実世界の特定の種類のモノ・コトに対応する．表の各行は一つのモノ・コトに対応する．ある時点における関係表は，それが記述する特定のモノ・コトの，その時点の要素の集合を記述する．そして，関係表には，同じ値が重複して存在することのない属性（あるいは，属性の組合せ）が存在する．これを"識別子"(unique identifier) と言う．

例えば，顧客名簿では，同じ会社名の顧客が現れるかもしれないというリスクを考えて，顧客ごとに割り振る顧客番号を識別子として使うということがよく行われる．

ただし，顧客番号が異なっていれば異なる顧客であるとは必ずしもいえない．それは，同一顧客を異なる顧客名で登録する可能性があるからである．例えば，株式会社 XXX を(株)XXX，あるいは XXX 株式会社などと誤って登録するという間違いが発生する．そうすると，一つの顧客名簿に同一顧客が複数回登録されることになる．これを"重複"(duplication) と言う．

重複は，複数の部門が同じ記述対象のデータベースを作成するときにも問題になる．例えば，支店 A と支店 B が，顧客企業の異なる事業体を対象に営業を行う場合などに発生しがちである．

(3) 複数の関係表が一定の相互関係を満たす必要がある場合，別の種類の誤りが発生するかもしれない．そのような誤りを"整合性誤り"(integrity error) と言う．

例えば，関係表の一つに受注伝票のデータを蓄積・保管する受注伝票表があるとする．受注伝票には通常，受注伝票番号，顧客名，

売上げ年月日，営業担当者などのデータが記載される．そこで，これらのデータを記述する欄が受注伝票表にあるとする．

この企業は，顧客名簿に記載のない相手に販売してはいけない，あるいは，取引が発生した顧客は必ず顧客名簿に登録するというビジネスルールをもっているとする．このとき，受注伝票表に，顧客名簿にない顧客名が記載された行があれば，この顧客名は（ビジネスルールに照らして）誤りである．

このように，複数の関係表が一定の関係を満たさなければならないとき，それを満たさないデータ値は誤りである．しかし，どの属性の値が誤りなのかは，必ずしも特定できない．上述の例にしても，顧客名簿にあるはずの顧客データが欠けていたのか，受注伝票表の顧客名の記載が間違っていたのかの判定は，これだけではできない．

5.4 データ品質次元の定量的評価尺度を考える[15),20)]

（1） データ品質次元"誤りのなさ"を評価する一つの方法は，欄の総数に対する，正しい値の欄の個数の比を求めることである．すなわち，

$$誤りのなさ = \frac{正しい欄の個数}{欄の総数} = 1 - \frac{誤り欄の個数}{欄の総数} \tag{5.1}$$

を使うことである．

この式は誤りのなさを評価する基本的な考え方を表しているが，分母の"欄の総数"をどの範囲で数えるかについては，場合に応じ

て工夫する必要がある．

表5.1（80ページ）の顧客名簿の例における，欄の総数を分母にして計算すると，誤りのなさ＝$1 - 5/30 \approx 0.83$ となる．表のすべての欄の中の正しい欄の比率は，データを制作するフェーズ［3.1節（41ページ）参照］の入力作業の精度の一つの評価として使えるであろう．

しかし，顧客の住所や電話番号，あるいは営業担当者名を知りたいというように，この表を使うのは列単位だとしたら，この計算の仕方ではうまく利用目的に応じた"誤りのなさ"を評価できないことは明らかである．

このような場合には，分母の値は，欄の総数ではなく"総行数"を使い，分子の値には"誤りのある行数"を使うのがよいだろう．

もし，複数の列を使うとすれば，分母は総行数とし，分子は利用する列のどれかに誤りのある行数とすればよい．

識別子となる列（の組）の総行数に対する，重複の個数の比率を用いれば，重複の多さ（誤りの多さ）を評価できる．その値を1から差し引くことにより，上述と同様に重複の少なさという意味での誤りのなさを評価できる．ただし，重複の検出は簡単ではない．

一組の関係表が一定の相互関係を満たすという意味での整合性の誤りも，同様の考え方で評価できることは容易に理解できるであろう．

（2）"タイムリーさ"は，データ提供のタイミングが必要時期に比べて適切かという側面と，提供するデータが陳腐化していない

5.4 データ品質次元の定量的評価尺度を考える

かという側面を総合的に評価する［表 5.2（84 ページ）］.

陳腐化していないかどうかは，データが記述する対象の変化の速さ（揮発性：volatility）と提供データ発生後の経過時間を比べることで評価することができる.

揮発性：データ発生からデータが記述する現実世界のモノ・コトが変化するまでの時間

と定義する．すると図 5.1 において，経過時間が揮発性よりも小さければ，データは十分に新鮮だと言える．

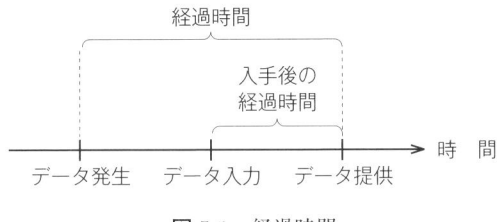

図 5.1 経過時間

そこで，タイムリーさの評価尺度として次式を使えることがわかる．

$$タイムリーさ = 最大値\left\{0, 1 - \frac{経過時間}{揮発性}\right\} \quad (5.2)$$

利用するデータが複数の列にまたがる場合には，式(5.2)の｛ ｝内の第 2 項を列ごとに計算して，その最小値で置き換えればよい．

(3) "完全性" は，関係表の 1 行のデータに値のない（Null 値の）欄がないことを言う．どれかの欄に Null 値があれば，その行は完全ではないことになる．

完全性は，対象とする値の全個数に対する Null 値でない欄の個数の比率として，次式で評価することができる．

$$ 完全性 = 1 - \frac{\text{Null 値の個数}}{\text{評価対象の全個数}} \tag{5.3} $$

このように個数の単純な比率で評価するのは，暗黙のうちに，どの欄の値も求める［情報］に対して，同等の寄与をすると仮定しているからだということを指摘しておく．

（4）"入手容易性"は，情報システムの流通機能と利用機能［図 3.1（42 ページ）］が利用者に付与する情報入手のしやすさを評価する．データ要求の発生時点からそのデータが必要でなくなるまでの時間に対して，データ要求からデータ利用開始までの時間を比較することが評価の基本である．

データの必要性がなくなってからデータが活用できても無意味であるから，入手容易性は 0（ゼロ）と考える．データ要求に瞬時に対応してデータ活用ができるなら，入手容易性は最大である．これを 1 とすれば，次のような評価式を使うことができる．

$$ 入手容易性 = 最大値\left\{ 0,\ 1 - \frac{\text{データの必要性発生から獲得までの時間}}{\text{データの必要性の持続時間}} \right\} \tag{5.4} $$

（5）"量的適切さ"の次元を考える．適切なデータ量が既知であるならば，それと提供されるデータの量を比較すればよい．その

場合，次式を評価に利用できる．次式の最大値は，提供されるデータ量＝適切なデータ量　となった場合の 1 である．

$$\text{量的適切さ} = \text{最小値}\left\{\frac{\text{提供されるデータ量}}{\text{適切なデータ量}}, \frac{\text{適切なデータ量}}{\text{提供されるデータ量}}\right\} \tag{5.5}$$

しかし，適切なデータ量を定めることは一般に簡単ではない．適切なデータ量が，提供されるデータから得られる［情報］を活用するまでに許容される時間に依存することは当然である．

さらに，適切なデータ量は，データがもつ［情報］に対する期待の大きさにも依存する．データ量を増大させることで，得られる［情報］を格段に改善することが期待できるのであれば，適切なデータ量は増大するであろう．逆に，提供されるデータの［情報］への期待が小さければ，適切なデータ量は小さめに見積もられるであろう．

（**6**）"簡潔な整理""首尾一貫した整理""理解しやすさ""客観性"の次元は，提供データの表現様式やデータ提供のためのデータ処理の内容を評価する．

"関連性"の次元は，実際文脈に即して評価しなければならない．必要十分なデータの範囲は，［情報］を活用して解決したい課題と，その解決に必要な［情報］と，それを提供するデータの三者の関係をよく整理しなければ定まらない．この点については 7.8 節（128 ページ）を参照されたい．

"解釈しやすさ"の次元は，データ値を現実世界の状況に対応づけるのが容易であるかどうかを評価する次元である．この次元は現実世界の状況とデータ値との対応関係について，関係者が理解を共有しているかどうかを問うものである．言い方を換えれば，データ制作時におけるデータ値の決定規則や提供データの見出し，表現様式に関する情報が利用者と共有されているかを問う次元である．属性（関係表の列）ごとの評価が基本になる．

"安全性"は，情報システムの構成と運用管理を評価する次元である．"操作しやすさ"の次元は，情報システムのユーザーインターフェースを評価する．"信用性""評判のよさ"の二つの次元は，情報源や提供データ，提供サービスを評価する．

これらの次元はどれも，情報システム及びその運用管理，あるいは利用者や組織，適用業務の状況などとの相互関係の中で，流通・利用フェーズのデータや情報システムが提供するサービスを評価する次元であることがわかる．

一般的な定量的評価尺度を確立することのやさしくないデータ品質次元であるが，データの分野や利用の文脈，情報システムの構成などを限定すれば，それが可能な状況も生まれる．

例えば，理解しやすさの次元を考える．活用のために検索した結果は，グラフに整理されて提示されるものとする．その場合，縦軸や横軸の目盛りの有無，凡例の記載の有無，軸属性の記載の有無，軸属性の単位（必要な場合）などを判定する．判定する項目総数を N とすれば，理解しやすさの評価尺度として"あり"と判定された項目数を N で除した値を使うことができる．

5.5 データ品質次元の評価基準や重要性は利用目的に応じて変化する

経営分野のデータ品質にとって，表3.2（51ページ）に掲げた16個の次元がいつも同じような重要性をもっているわけではない．寸法のような測定データであれば"誤りのなさ"や"タイムリーさ"が他の次元よりも重要なケースが多いであろうし，アンケート調査や官能検査の結果であれば"客観性"が重要な次元になるかもしれない．ウェブサイトの評価であれば"理解しやすさ"や"安全性"が重要になるであろう．

必要な［情報］の内容によっても，データ品質次元の重要性や評価基準は変化する．そのことを理解するには，経営管理活動の中で必要となる情報の特性を整理したゴリー（G.A. Gorry）とスコット・モートン（M.S. Scott Morton）の研究成果[18)]が役に立つ．

表5.3は，ゴリーとスコット・モートンが"意思決定支援システム"（DSS：Decision Support System）の必要性を提唱する研究の中で明らかにしたものである．

同表の各行は，ゴリーとスコット・モートンが注目した情報の特性に対応する．各列はアンソニー（R.N. Anthony）が明らかにしたアンソニーの3階層（経営管理活動の三つの階層）に対応する．同表の各欄は，情報を利用する管理階層に応じた，各情報特性の値を示す．

なお，同表で管理的統制の列の各行に両矢印（◄►）が入っているのは，戦略的計画と業務的統制の中間の値であることを意味して

表 5.3 管理階層による望ましい情報特性の変化

情報特性＼管理階層	戦略的計画	管理的統制	業務的統制
精度	低い	←――→	高い
詳細さ	集計	←――→	詳細
時期	未来	←――→	現在
利用頻度	ごく低い	←――→	高い
情報源	外部	←――→	内部
範囲	広い	←――→	狭い
型	質的	←――→	量的
通用性	より古い	←――→	現時点

いる．

表5.3からわかることは，管理階層が異なれば，それに利用する情報特性が異なるということである．

例えば，情報特性の"時期"（time horizon）の行を見ると，"戦略的計画"（strategic decision）では，未来に関する情報が必要で，そのためには長期間にわたる（過去の）情報が必要であるが，"業務的統制"（operational control），すなわち日々の業務上の判断には，短期間をカバーする情報で十分な場合が多いことを示している．これは，関連性やタイムリーさの評価基準が変化することを示す．

他方，情報特性の"通用性"（currency）の行を見ると，"戦略的計画"の立場では，頻繁に最新情報に更新する必要性は，それほどないことが読み取れる．しかし，業務的統制の立場からすれば，刻々のデータ更新が必要だということがわかる．タイムリーさの評

価に影響を与える．

このような違いは，一見すると最も明快な判定ができると思われる次元についても同様である．

例えば，情報特性の"精度"（accuracy）の行を見てみる．戦略的計画で必要なのは，一般に相対的に長期間にわたる変動傾向に関する情報である．景気がよくなるかどうかの情報は必要であるが，その場合には，景気がどのくらいよくなるのかに関する厳密な値は必ずしも必要ではない．もっとも，それは望んでも得られないかもしれない．誤りのなさや評判のよさの評価に影響を与える．

以上の3例から見ても，データ品質次元の評価がどの管理階層で利用するかに応じて，異なることは明らかである．これから，利用目的が異なれば，同じデータでもデータ品質の評価が異なることがわかる．つまり，評価基準が異なるのである．また，情報利用の状況に応じて，品質次元の相対的な重要性が変化する可能性があることもわかる．

相対的な重要性の違いを考慮して，データ品質の総合的な評価を行おうとするならば，"重みづけ和"を使う方法が考えられる．

個別に評価したデータ品質次元の評価値を $d_1, d_2, \cdots, d_n$ とし，各品質次元の重要さに応じて定める重みを $w_1, w_2, \cdots, w_n$ とする．そのうえで，

$$総合データ品質 = w_1 d_1 + w_2 d_2 + \cdots + w_n d_n \tag{5.6}$$

とする方法はよく使われる．

ただし，総合評価値を正規化するために $w_1 + w_2 + \cdots + w_n = 1$

とする．こうすることで，5.4 節で紹介した評価尺度のように，各データ品質次元の評価値が $0 \leqq d_i \leqq 1$ $(i = 1, 2, \cdots, n)$ だとすると，総合評価値も 0 と 1 との間の値をとるようになる．

第6章 データ品質の測定・分析と改善方策の勘どころ

　第5章では主に客観的評価尺度を検討した．3.1節（41ページ）に示したデータの制作・流通・利用の各フェーズの管理運営やビジネスルール，取引先との関係といったデータ利用環境に強く影響を受けるデータ品質次元がある一方で，そうしたことからは独立して評価できる次元もあった．

　主観的評価方法を用いれば，データ制作者，データ管理者（custodian），データ利用者といった，立場を異にする人々のデータ品質に対する認識の違いを検知することが可能である．なお，ここで"データ管理者"とは，流通フェーズと情報システムの運営管理の担当者のことである．多くはICTの専門家であろう．この呼称を使うのは，情報品質管理の立場から見ると，ICT専門家は情報システムではなく，データの制作・流通・利用のフェーズを運営管理すると考えるほうが適切だからである[27]．

　そこで本章では，最初に一つの主観的評価方法を紹介する．その後で，主観的評価と客観的評価を，データ品質の評価と改善の必要性の判定に使う方法を述べる．

6.1 データ品質次元の主観的評価方法（IQA）の概要

データ品質のよさは，その定義からすれば，利用目的によく適合する意味情報を抽出できるかどうかによって決まる．したがって，データ品質の評価は本来［情報］品質を評価する視点がその根底になければならない．

しかし［情報］は，その定義［2.4節（33ページ）参照］からわかるように，明示的には表記されない．つまり［情報］を直接評価することは困難である．そこで［情報］の品質を評価するには，利用目的の達成の程度から間接的に評価するか，あるいは利用者本人が内観的主観的に評価するしかない．

リー（Yang W. Lee）らは，主観的評価方法の一つである"IQA"（Information Quality Assessment：情報品質評価）を開発した[21]．

IQAはリッカート尺度に基づくアンケート調査方法（質問項目への回答を後述するように点数化する方法）を利用する．データ品質次元それぞれについて，3個から6個の質問項目を準備する．全体で64項目というのが最初の提案であったが，実用化する段階で，さらに5項目追加されて，69項目に増加された．

これらの質問項目は，データ品質次元ごとにまとめて質問するのではなく，すべての次元に関する質問項目をランダムに配列する．それは，ある次元に対する回答を，意図的に加減することができないようにとの配慮からである．

例として"簡潔な整理"の次元を取り上げれば，次のような質問項目が用意されている．

① この情報はコンパクトな様式にされている．
② この情報は簡潔に提示されている．
③ この情報はコンパクトな様式で提示されている．
④ この情報の提示はコンパクトで，かつ，簡潔である．

ここで使われている"情報"という用語は，形式情報の意味で，データや知識を指す．

このような質問項目のそれぞれに対する回答欄には1点刻みで0点（全く該当しない）から10点（完全に該当する）までの選択肢が用意されていて，回答者は11個の選択肢の中から一つだけを選択する．

調査結果は，適切な基準によって分けた回答者グループごとに，次元ごとに関連する質問項目の平均点を計算して評点とする．

このように，調査結果を分析する段になると，回答者のグループ分けが必要になるので，いわゆる"デモグラフィック"なデータ（回答者の様々な属性に関するデータ）を収集するための質問項目が追加される．

また，問題が発見されたときにデータ品質の改善策を検討するための糸口として使えるような，調査対象組織の情報品質管理の実践状況に関する質問項目を追加したほうがよいこともある．

これらの2点については，巻末の参考文献20)を参照されたい．

6.2 IQA調査の結果をどうやって分析するか

調査の結果の分析方法としてIQAの開発者たちが提案しているのは，PSP/IQモデル（the Product and Service Performance model for Information Quality）を参照しながら差異分析を行うことである．

(1) PSP/IQ モデル

PSP/IQモデルとは図6.1に示すように，表5.2（84ページ）のデータ品質次元を2×2のマトリクスに書き直したものである．このマトリクスの各欄がデータ品質次元の表のどこに対応するかは，このマトリクスの縦横の見出しを表5.2の見出しとつき合わせてみれば明らかである．

各欄には，対応するデータ品質次元の全体的特性に基づいて名称

	技術仕様を満たす	利用者の期待を満たす
製品品質	**健全な情報**（誤りがなく，欠落もないデータが一貫して簡潔に提示される）	**有用な情報**（偏りや意図的な傾向がなく，読み取りやすく，利用目的に合う，適切な量で，値の意味がわかりやすいデータが提示される）
サービス品質	**頼もしい情報**（必要なときに，新鮮なデータが，必要な人にだけ，安全に安定して提示される）	**使える情報**（評判がよくて，信用できるデータが，入手しやすく，操作しやすい方法で提示される）

図6.1 PSP/IQ モデル

がつけられている．それは，各欄のデータ品質次元が全体として十分な高品質をもつときのデータの品質特性を簡潔に表現している．

各欄の名称の後につけた（　）内の説明は，それぞれの欄に対応するデータ品質次元の意味をもとにしたものである．

図 6.1 に調査結果の各次元の評点や対応する次元の評点の平均値などを記入することによって，どの特性が強く，どの特性が弱いかを視覚的に整理できる．

米国の三つの健康管理組織（healthcare organization）を調査した事例報告では，同図において，どの組織でも右上（有用な情報）と左下（頼もしい情報）の欄の品質が，左上（健全な情報）と右下（使える情報）の欄の品質に比べてよいという結果が出ている．

左上の欄の品質が悪いとすれば，それは概念スキーマやシステム開発の際のデータ提示様式設計の基本方針，あるいはデータ収集にかかわるデータ入力ルール，ビジネスプロセスや個々のアプリケーションの出力様式の設計が不十分だったことが疑われる．

右下の欄の品質が悪いとすれば，ハードウェアやソフトウェアの設計が，そこから提供されるデータを課題解決の際に，積極的に利用しようと思わせるには十分ではないということを示唆する．それは課題が発生する場面に応じて，適切なデータを適切な手続き・手順で適切な場所で提供するための検討，提供するデータを効果的に利用する利用者能力の開発が不十分なことを疑わせる．

（2）　差異分析を行う

差異分析（gap analysis）は，IQA 調査の回答者を特性に応じて

グループ分けし，グループごとのデータ品質評価の違いを分析する．ベンチマーク差異分析と役割間差異分析が提案されている．これらの差異分析は，PSP/IQ モデルの欄ごとに，対応する次元の総合評価値（平均値など）を利用して行うことが推奨されている．

ベンチマーク差異分析とは，調査対象の組織がベンチマークとなるデータ品質とどこがどう異なるかを調べるものである．例えば，競争相手企業，リーダー企業などはベンチマークとして代表的なものである．

ベンチマーク差異分析では，回答を品質評価の低い順に並べる．そして，低いほうから10％，10〜20％，…，90〜100％までの回答の平均値を求める．この平均値を縦軸とし，横軸には10％，20％，…，100％という平均値をとる範囲の百分率とする．すると，縦軸の値の差がベンチマークとの差を示すことになる．

役割間差異分析とは，組織の業務ごとに回答をグループに分け，さらに，それぞれのグループをデータ管理者とデータ利用者のグループに分ける．そのうえでグループごとの各欄のデータ品質評価の平均値を求めるものである．この値を縦軸とし，横軸には業務別の組織（回答者グループ）をとりプロットする．業務ごとの全体の平均値もプロットして，結果は株価のローソク足チャートに似た様式で整理する．その結果のグラフは，業務ごとに管理者との利用者のデータ品質評価の差が明確になって，現状認識の相違が読み取りやすくなる．

具体例については巻末の参考文献21)を参考されたい．

IQA 調査，PSP/IQ モデル，そして差異分析を組み合わせて利用

するデータ品質評価のアプローチは"AIMQ"（AIM Quality）と呼ばれる．

6.3 客観的評価と主観的評価を総合的に活用する

ピピノら[23)]は，第5章で検討した客観的評価尺度と AIMQ を総合的に活用するデータ品質評価・分析のアプローチを提案している．

このアプローチの特徴は，主観的評価の結果と客観的評価の結果が図6.2に示す2×2のマトリクスのどの欄に対応するかに応じて，品質改善策を導こうとするところにある．データ品質管理が目指すのは，右上欄で，ここは主観的評価と客観的評価がともに高い領域である．

以下では，ピピノらのアプローチを参考にしながら，データ品質評価・分析のための一般的な流れを説明する．これは測定対象の選定，データ品質の評価，測定結果の分析と解釈，品質改善の対策からなる．もちろん，改善策の作成の後には，実施があり，チェック

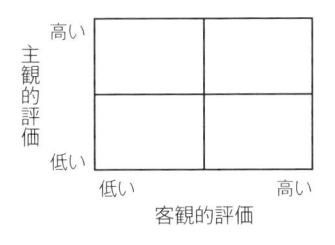

図 6.2 主観的評価と客観的評価の総合利用

（測定・評価）が続き，全体としてはPDCAの管理のサイクルを構成する．

(1) データ品質測定対象の選定

この段階は，PDCAサイクルのCに対応する．測定対象の選定には，

① 対象組織（どのユーザー組織，どのデータ管理者＝情報管理部門）

② 対象データ（ユーザー組織にとって最も必要性の高いもの）

③ 対象データ品質次元（どの次元がこのユーザー組織とデータにとって重要か）

の三つを選定する．特に，主観的評価を調査する場合，回答者がどのデータについて評価するかを明確にすることが重要である．この選定には，対象組織から聞取り調査をするなどの準備作業が必要である．

異なるデータを対象にして作成された回答を混ぜてしまうと，個々のデータの品質評価ができなくなるばかりではなく，間違った分析をする原因となることから注意が必要である．

(2) データ品質の主観的評価

この段階は，IQA調査方法を利用する．回答者が，質問調査票の質問に使われている言葉の意味を正確に理解できるように，しっかりとしたガイダンスが必要である．データ品質次元は利用者に

とっては馴染みのある概念とは言えないからである．

一般に，質問項目を固めるには，予備的な調査を試行して，回答者の理解の程度を確認することが勧められる．場合によっては，対象とする組織の用語を使用して質問項目を書き直したほうがよい場合もあるであろう．

(3) データ品質の客観的評価

第5章で検討した評価尺度などを利用して，調査対象のデータごとに品質評価を実施する．客観的評価については，ソフトウェアやサービスがいくつも提供されているから，データベース管理ソフトウェアや ERP/CRM（Enterprise Resource Planning / Customer Relationship Management）ソフトウェアのベンダーなどの専門家に相談するのも一つの方法である．

ただし，総合評価値を求めるためには，各データ品質次元の重要度の違いを調査する必要がある．これは主観的評価の中で質問項目を追加して調査するのも一つのやり方と言える．

なお，主観的評価と客観的評価の前後関係はどちらが先でも，同時並行的に進めても，特段の支障はない．

(4) 評価結果の分析と解釈

主観的評価の調査結果の分析は，AIMQ のやり方を適用する．しかし，PSP/IQ モデルの欄ごとではなく，データ品質次元ごとの評価を分析することが必要になることもある．

客観的評価の結果は，得られた評価値だけから，品質が実用上，

不足しているのかどうかを判断するのは難しいことに留意すべきである．また，一般に品質を高めるコストと品質が不十分なことから，発生するコストにはトレードオフの関係があることに留意する必要がある．

どの程度の客観的評価値を確保することが必要なのかを判断する一つの材料が主観的評価の結果である．そこで，図 6.2（105 ページ）のマトリクスが役に立つ．もし，客観的評価値が低すぎると思われるのに，主観的評価値が高いとすれば，利用者，あるいは利用内容に問題があると予想される．

例えば，データの品質の低さを利用者自身が何らかの補正作業をすることでカバーしているかもしれない．それは隠れたコストである．あるいは，実際はデータを利用していないのかもしれない．

客観的評価は高いのに，主観的評価が低いという場合には，データ提供の様式や表現方法が悪いということが危惧される．提供されるデータを活用する利用者教育が不十分だということも考えられる．

目指すべき状態は，主観的評価も客観的評価もともに高いことである．それが実現されていないなら，実現できない原因を見つけて除去しなければならない．

(5) 情報品質改善の対策

この段階は PDCA サイクルの P，あるいは A の段階に相当する．

すでに情報品質改善のための対策が作成され，その実施途上に前述の(2)から(4)を行ったのであれば，改善策の改良や実施方法の

改善を目指す．つまり，Aの段階である．

これから情報品質改善を目指して対策を施すのであればPの段階である．いずれにしろ，品質改善の対策を検討することになる．これに関しては第7章以降で述べる．

その準備として，本章では，品質改善策を検討する際に，留意すべき経営資源としてのデータの特異性を次節以降で検討する．

6.4 データは他の経営資源とは特性が大きく異なる

データ（形式情報）は，資金，人，装置・設備，原材料，エネルギーなどとともに現代の重要な経営資源の一つに数えられる．しかし，その特性を他の経営資源と比較すると，データには著しく異なるところがある[13]．

注目すべき特性として，① 費消性，② 複写性，③ 共用性，④ 非代替性，⑤ 脆弱性，⑥ 価格づけ，⑦ 供給源，⑧ 更新性，⑨ 電子性，⑩ 人為性，⑪ 変容性，⑫ 管理要素 があげられる．これらの特性の多くは，他の経営資源にも多少は存在するものである．しかし，次のようにデータではその現れ方が大きく異なる．

① **費消性**：データは費消できない．他の資源は程度の差はあっても費消される．
② **複写性**：データはコストをかけずにいくらでも複写できる．そのような資源はほかにない．
③ **共用性**：データは同時に多数の人や多様な目的に並行し

て利用できる．そのような資源はほかにない．
④ **非代替性**：程度の差こそあっても，他の資源は同じものや類似のもので代替できる．生年月日と年齢のように，他のデータを代用できる場合はあるものの，特定のデータを他のデータで代替することはできない．
⑤ **脆 弱 性**：データほど脆弱な経営資源はほかにない．
⑥ **価格づけ**：データの価値は潜在的である．データは用途が決まるまで価格をつけることはできない．他の資源の用途はおおむね決まっていて，一定の価格がつけられる．
⑦ **供 給 源**：データは業務遂行とともに制作されるものが多く，空間的時間的，また組織的にも広域に分散する傾向が強くある．また，通常は，データ制作の専門担当者はいない．
⑧ **更 新 性**：リアル世界は時間とともに変化し，その記述であるデータも変化する．変化する部分ほど価値の源泉となることが多いものである．サイバー世界とリアル世界の一致（情物一致）が重要になる．
⑨ **電 子 性**：データは情報システムで流通できるが，他の製品やサービスはそれができない．
⑩ **人 為 性**：データは現実世界を写したものである．写しの取り方は，概念スキーマによってどのようにで

⑪ **変 容 性**：データは処理によって様々に変容させることができる．用途によって望ましい変容の仕方が定まる．

⑫ **管理要素**：データはその品質を管理される対象であると同時に，品質管理に不可欠の資源であるから，データ品質にかかわるデータの品質管理も必要である．

6.5 資源としてのデータの特異性の品質管理への影響を考える

図 6.3 は，前節にあげた経営資源としてのデータの特異性を，図

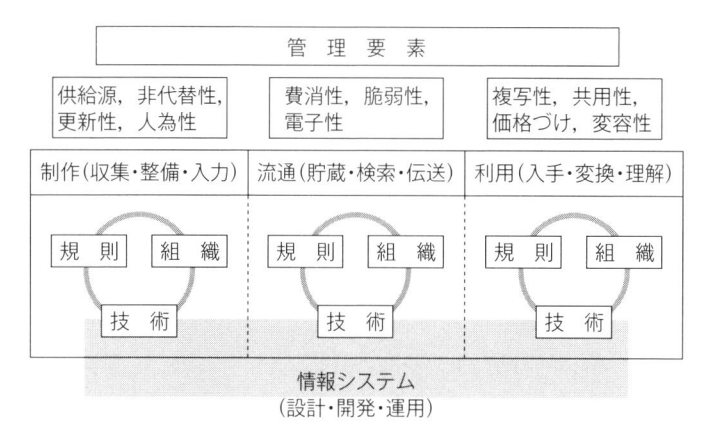

図 6.3 データの経営資源としての特異性と 3 フェーズ

3.1（42ページ）の関係が深いフェーズに配分したものである．

同図から予想できることは，データの制作（収集・整備・入力）フェーズでは，データ制作の各場面に応じた全体が整合した管理を広域に渡って，いかに徹底させるか（⑦ 供給源），データの欠損や誤りが発生しないような，日々の変化に対応する収集・整備・入力をいかに実現するか（⑧ 更新性，④ 非代替性），データ値を決定するルールをいかにして標準化するか（⑩ 人為性）などが管理のポイントになることである．

流通（貯蔵・検索・伝送）フェーズでは，データのライフサイクル管理をいかに実現するか（① 費消性），脆弱なデータを事故や攻撃からいかに守るか（⑤ 脆弱性），貯蔵の安全と唯一性をいかに守るか（⑨ 電子性），などが管理のポイントになる．ここで貯蔵の唯一性が問題になるのは，同一データを複数貯蔵することは重複の発生につながりやすく，誤り発生の原因となりやすいからである．

利用（入手・変換・理解）フェーズでは，複写されたデータの原本とは異なる管理をどうするか（② 複写性），利用者・利用時点・利用場面に応じた利用方法をどのように実現するか（③ 共用性），利用目的に適合するデータ処理をいかにして実現するか（⑪ 変容性），そして，高い価値を実現する利用をいかにして開発し（⑥ 価格づけ），利用者の意欲を喚起するかなどが管理上のポイントになる．

データに高品質を作り込むために各フェーズに埋め込む事前管理（proactive management）では，特異性から生じるこれらの管理ポイントに十分配慮する必要がある．その場合，事前管理は，経営

管理活動における日常管理と，情報システム設計・開発及び運用管理に際してのデータ品質向上アプローチの二つに分けるのがよい．

　製造物の製造工程とデータの制作・流通・利用の工程を比較するとき，特に留意すべきなのは，制作と利用の二つのステージには，その専門担当者がいないことである（⑦ 供給源，③ 共用性）．これは，製造物の品質管理の場合には，製造の専門担当者を念頭に置いた管理手法を考案すればよいのに対して，データの場合には，専門担当者ではないことを前提にした管理手法を考えなければならないことを意味する．

　専門担当者であれば，品質に責任があるという自覚をもたせるのは比較的行いやすいであろうが，専門担当者という自覚のない者に対して同様の自覚をもたせるには，特別の配慮・工夫が必要であろう．

　一般に，データの流通フェーズと情報システムの設計・開発及び運用管理を担うのは情報システム部門（以下，"ICT部門"という）である．ICT部門はデータの貯蔵・検索・伝送のための情報システムを専門に担当するとの認識が強く，データの品質，言い換えれば有効活用には，これまで積極的には関与しなかった．本章の冒頭でも述べたように，そのことがその担当者をデータ管理者と呼ぶ理由であった．

　利用者も管理者も，ともにデータの品質に責任をもってこなかったのであるから，データの品質管理の必要性を周知し，社内におけるデータ品質運動のきっかけを作ることがまず必要だとわかる．

第7章 データに高品質を作り込むための考え方

　データ品質の問題が見つかって既存データを修正することは，極めて高コストでしかも効果は低いものである．重要なのは，高いデータ品質を実現するデータの制作・流通・利用のプロセスを構築し，実施すること，つまり，高いデータ品質の作り込みである．ここでは，そのための基本的な考え方を述べる．

7.1 データ品質低下の根本原因とデータ資源の特性の関係を整理する！

　リーらはデータ品質の問題を発生させる根本原因を10個あげている[20]．それを6.4節，6.5節で論じたデータの経営資源としての特異性に関連づけてみたい．

（1） データの制作場面が多数あること

　これは，生データの供給源が広域であることと密接に関係する．供給源の広域性は経営の広域性からくるものであるから，避けることはできない．複数の制作場面があっても，特定のデータはどこか一場面でしか入力しないようなビジネスルール，ないしはデータ入力ルールを工夫する必要がある．

(2) データ値を主観的に判定すること

これは人為性と密接に関連する．リアル世界の状況を表現するデータ値を決定するルールは，データ制作者の経験に依存する．ここに主観的判断を完全に排除することの本質的な困難性がある．

主観的判断に起因するデータ値の変動を抑えるには，データ制作者の教育・訓練が必要である．

(3) 計算資源が限られること

データの電子性によって計算資源が限られると，データの入手容易性が低下することにつながる．また，データ入力の利便性が低下する．こうしたことは経過時間が延びる原因になるから，タイムリーさも悪影響を受ける［5.4節(2)項（90ページ）参照］．

(4) 安全性はいくつかの品質次元とトレードオフ関係にあること

この点も電子性が原因である．取るべき道は，プライバシー順守や秘密保持も含めた適切な安全性ポリシーを定め，安全性を高めても十分な入手容易性を確保できる計算資源を用意することである．

安全性のためには資格認定や認証の手続きが必要になるが，それも入手容易性との適切なトレードオフに配慮すべきである．

(5) 異分野にまたがる符号化が必要なこと

これは供給源が広域に渡ることや変容性に強く関係する．経営活動は多くの異分野の活動を必要とする．分野が異なれば，一つの言葉が似ていても異なった意味をもつことはよくあることである．

生データの値や利用フェーズのデータに用いる見出しなどに現れる用語の共通理解を関係者の間で確立する必要がある．

(6) データは多種大量であること

非代替性や更新性は，時間とともにデータの種類や量を増加させる．そのうえ，複写性や変容性，共用性がさらにデータ量や貯蔵の分散性を増す．多種大量の，しかも，生データと処理結果の混在，貯蔵の分散などは，入手容易性や関連性を低下させる．広域に分散するデータを統合したり，有効性の低いデータを廃棄したり，保存データとして通常の活用対象から外したりするライフサイクル管理が必要になる．

(7) 分析しにくい表現のデータが存在すること

これは人為性と密接な関係がある．簡単な記号に変換できない多様なデータが存在する．テキスト，音声，写真，動画，…，などである．貯蔵しても分析技術が未熟なこうした様式のデータは，体系的な情報システム化の視野から外れてしまう傾向がある．データ構造に互換性のない別々の情報システムに貯蔵されることもある．これらは利用フェーズでの関連性の低下につながる．

(8) データ制作が付加的作業と誤解されること

この誤解は，データ制作が業務の中で行われることから生じる．誤りを防止するためにデータ入力時のチェックを過剰にすると，この誤解も原因となって，データ入力そのものが省略されたり，規則

逃れのために便宜的なデータ値を入力して，誤りを逆に増加させることもある．これはビジネスルール構築や人材育成の課題であり，かつ，情報システムの設計・開発の課題である．

(9) 情報要求が常に変化すること

業務や経営の環境が変化すると，必要な［情報］も変化し，そのことが利用するデータを変えたいという要求につながる．これは操作しやすさを高めることによってカバーできるのであるが，そのためには利用者のデータ活用スキルを向上させる必要がある．

(10) 多種類の情報システムが分散して混在すること

これは情報システムの導入に関するガバナンスの不足がもたらすものである．情報システムの分散は，メタデータの不統一が発生する原因となる．これはデータ品質の低下に様々な形でかかわる．例えば，データを統合するのが難しく，利用も局所のデータだけに頼る傾向になる．

7.2 情報品質の管理者 IPM を任命する！

一般に，データ管理者は，大企業や中堅企業であれば，ICT 部門である．中小企業の場合には，専任の ICT 担当者は少なく，ICT 部門の役割を代行する IT コーディネータやベンダー SE（System Engineer）に対応する担当者がデータ管理者に相当することが多い．

7.2 情報品質の管理者 IPM を任命する！

　データ制作者，データ利用者は業務の担当者や経営管理者であるから，データ管理者も含めて，これらの人々は，伝統的にデータそのものに責任をもってこなかった．その責任は，現場業務の担当者であり，情報システムの担当者であり，あるいは経営管理の担当者であると，自他ともに認めてきたのである．

　高度情報社会に特有の重要な経営資源と考えられるようになった情報ではあるが，この重要資源に責任をもつ人がいなかったことになる．大部分の企業ではこれまでそうだった．

　この状態を根本から改善するには，"情報製品管理者"（IPM：Information Product Manager）を置くべきだとされている[27]．

　製品の品質管理には原材料も管理することが必要なように，IPM はデータ利用者に提供する製品としてのデータだけではなく，その原材料というべき"生データ"（raw data）も管理する．

　IPM は製品としてのデータの高品質をターゲットとして，データ制作者，データ管理者，データ利用者のすべてに対して影響力を発揮できなければならない．

　近年はクラウドサービスを利用することによって，ハードウェアやソフトウェアを自前で所有して運用管理する必要性は低下しつつある．ICT 部門にとっても，情報システムのベンダーにとっても，情報システムそのものの提供は，付加的なサービスに変わりつつある．

　代わって中心になりつつある役割は，データ制作者やデータ利用者のために高品質なデータを確実にし，提供することである．言い換えれば，ICT 部門や情報システムのベンダーの IPM 化が進みつ

つある．ここでIPMと情報システム部門（データ管理者），データ提供者（データ制作者）とデータ利用者との関係を整理すると，次のようになる．

ワンらが主張するように，データ利用者が活用する形式情報を情報システムが生産する"製品"ととらえて管理するには，情報システムからの出力である"情報製品"（IP：Information Product）にどのようなものがあるのかをよく把握しなければならない．つまり，IPの在庫を管理するという発想が重要になる．"IP在庫"とは，データ利用者に提供するために用意した情報製品にはどのようなものがあり，それは何のために使われ，元データは何であるのかという情報を整理したものである．

IPMはデータ管理者に対して，情報品質向上の観点からの要求を伝える必要がある．つまり，データ利用者とデータ管理者のコミュニケーションの円滑化を図る．

データ制作者に対しては，データ制作の重要性を認識させるとともに，高品質の生データが得られるようなビジネスルールやデータ入力ルールが実現されるように，データ制作者とデータ管理者の間を取りもつことが求められる．

データ制作者には業務プロセスの中でデータ入力作業を行うことが求められ，データ利用者には業務プロセスの中でIPを効果的に利用することが求められる．当然の帰結として，IPMは業務プロセスの計画と管理の担当部門と円滑なコミュニケーションを維持し，データ品質向上の観点から影響力を発揮しなければならない．

データ利用者に対して，IPMは潜在的な情報利用要求の発掘に

努めるとともに，IP 在庫への需要を喚起し，また，利用のインセンティブを高めることが求められる．同時に，利用者の教育・訓練を推進する必要がある．

　以上のように，IPM は，データ品質管理に中心的な役割を果たす．そこで，本章では以降の各節で，データ品質管理に際して重要な，改善の着眼点を述べることにする．それら着眼点を，次章で検討する品質改善へのアプローチとともに 4 点に集約して，低品質をもたらす根本原因と関連づけて図 7.1 に示す．

7.3　データは全社の共有資源だという考えを浸透させる！

　どの仕事もデータを利用するために，ともするとデータは各人が所有するというような錯覚をもちやすい．

　大企業であれば，複数の人がグループで仕事を担当するのが一般的である．仕事のやり方は必要な範囲で確立されている．グループ内ではデータを共有する．しかしそれは，最低限の範囲であって，自分の仕事のパフォーマンスを高めるための重要なデータは，個人の競争力の源泉として，自分だけがもつことになりがちである．しかし，この変化の激しい競争環境では，自社の競争力を高めるためにも，そうした情報を提供し合うことが必要である．

　小規模な企業であれば，どの仕事もだれか 1 人が担当していて，その人だけが知っている，その人だけしか知らないという状況が多く発生する．仕事に関するデータばかりではなく，仕事のやり方の

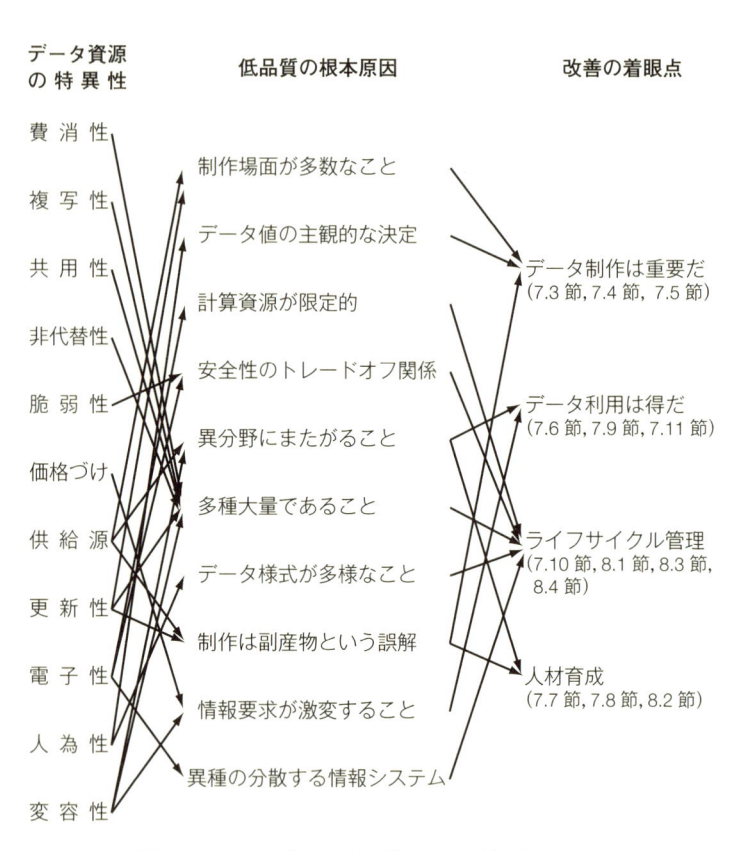

データ資源の特異性	低品質の根本原因	改善の着眼点
費消性	制作場面が多数なこと	データ制作は重要だ (7.3節, 7.4節, 7.5節)
複写性	データ値の主観的な決定	
共用性	計算資源が限定的	
非代替性	安全性のトレードオフ関係	データ利用は得だ (7.6節, 7.9節, 7.11節)
脆弱性	異分野にまたがること	
価格づけ	多種大量であること	ライフサイクル管理 (7.10節, 8.1節, 8.3節, 8.4節)
供給源	データ様式が多様なこと	
更新性	制作は副産物という誤解	人材育成 (7.7節, 7.8節, 8.2節)
電子性	情報要求が激変すること	
人為性	異種の分散する情報システム	
変容性		

図 7.1 データ資源の特異性, 低品質の根本原因及び改善の着眼点の関係

ノウハウも担当者の属人的な知識になることにもつながる．

しかし，関係者の間で経営の実情や環境に対する正確な認識を共有しなければ，効果的効率的な経営活動は実現しない．経営とは，関係者が協力し合って行う事業なのであるから，当然のことである．

経営戦略の浸透，あるいはリーダーシップによる一体感の醸成が叫ばれるが，具体的な仕事の中でそれを実行するには，関係者が質の高いデータを効果的効率的に利用できなければならない．

仕事を進める中で，データに依存していることを自覚することは難しいものである．自分の優れた能力が優れた成果を生み出すと感じるからである．しかし，すでに第1章で述べたように，データが利用できなければ優れた能力も発揮することはできない．

データ品質が重要な理由は正にここにある．高品質を実現する出発点は，データの重要性の認識を全社で共有することである．

7.4 データ制作作業は必須であるとの認識を共有する！

データは業務に付随して制作される．どの業務にとってもデータの制作は本務ではない．データは業務の副産物として成り行きで制作されるものと考えがちである．そこから，データ制作作業を軽視する傾向が必然的に発生する．

そこで，データ制作作業を経営上必須のものとして位置づけて，関係者の間でこの認識を共有しなければならない．業務の副産物と考えていたのでは，データの品質管理の重要性など理解できるわけ

がない．データ制作フェーズでは"正規のときに，すべての，正確な値を，誠実な作業"で入力する"しつけ"が重要である．これを"データ品質管理の5S"と呼ぶことを提案する．

短期的な改善策としては，社内キャンペーンや"見える化"［8.1節（133ページ）参照］を利用することが考えられる．

各業務担当者が制作するデータは，企業経営に不可欠な重要で代替性のない資源となることを見える化するのである．データ制作者が業務を遂行する際に利用するデータが，他の担当者や自分自身が入力するデータから制作されることを理解させるということも必要である．

長期的には，データ利用と制作を必須のステージとして含むような業務手順，ないしはビジネスルールを構築すべきである．営業活動であれば，営業で客先を訪問する前に既存の顧客データを閲覧して，新規かどうかの確認，過去の営業活動の確認を必須項目にする．そして，新規企業であれば，その企業データを入力しない限り，営業活動の実績を評価しない．旧来の顧客であれば，日報にあげなければ実績を評価しない．このように，業務遂行・評価とデータの利用と制作をリンクするのも一つのやり方といえる．

仕事の指示と結果の報告は，経営管理の基本的構成要素であるから，このような仕組みを用意するのは自然なことであるが，工夫が必要なのは，業務担当者が余分な負担だと感じないような仕方で情報システムに組み込むことである．

7.5 データ制作者はデータ利用者にもなることを利用する！

データ制作者がデータ利用者でもあるという事実は，前節の指摘を実践し，誤りがなく完全性の高いデータを提供するインセンティブを高めるのに利用できる．

製品やサービスであれば，生産担当者がそのまま製品やサービスの利用者にもなるということは滅多に発生しない．しかし，データの場合，特に，経営情報の文脈ではほとんど常にそうなる．

一般に，業務担当者は，データ制作者として生データを入力するのだから，製品やサービスの生産過程でいえば，原材料を提供するのである．

他方，経営活動の中で行うどの仕事も，指示や状況の確認が必要になる．そのために必要になるデータがある．また，業務を遂行するうえで発生したり，発見したりする問題を解決・改善するためにもデータが必要となる．

データ利用者としては，製品としてのデータを使う．このデータは多くの場合，データ制作者が設計したものではない．本来は要求分析の段階で，利用者が自分自身の仕事を整理し，開発を要求するものである．このように，製品設計に対する利用者の関与が強いことは，データ品質を考えるうえで極めて重要である．

自分自身が必要とするデータが，同僚の入力作業に依存していることを理解させることによって，自分の入力するデータが重要な経営資源であることに気づかせることができる．

7.6 業務進行の邪魔にならないデータ制作・利用の手順を工夫する！

　誤りがなく，完全性の高いデータを提供してもらうために，データ入力画面でデータ値を入力するときに，誤りがないことや完全性などについて情報システム側で自動的にチェックし，そのチェックを通らない限り，入力作業を完了できないようにするというのがよく使われる仕組みである．この方法を"編集検査"（edit check）と言う．

　これはしかし，7.1節(8)項（117ページ）で述べたように"過ぎたるはなお及ばざるがごとし"として経験的に知られている．業績評価の中心となる業務遂行の邪魔になると，多くの人は何とかそれを避けようと工夫をするものである．

　しかし忘れてならないことは，制作フェーズばかりではなく，利用フェーズにおいても同じことが起こるということである．量が多すぎて要点が見えないデータ，複雑すぎて読み方がわからないデータ，リアル世界との対応がわかりにくい値の多いデータなど，提供されるデータを役に立てるのが，困難だったり，手間がかかったりすれば，やがて使われなくなる．

　提供するデータの集約度や詳細さ，関連性の広がり，記述の詳細さ，データ提示様式，手順の工夫などは，データ品質次元への影響の程度に配慮しつつ，利用者に便利なように決めなければならない．

7.7 データ制作者・利用者とデータ管理者の意思疎通を図る！

　業務担当者，経営管理者，経営者は，それぞれの立場で課題の解決にデータを活用しようとする．情報システムの設計に先立って行う要求分析では，一般に，各関係者がどのようなデータを必要とし，どのようなデータを制作するかを調査する．

　この調査の中で，各関係者とデータ管理者が円滑に正確な意思疎通を図ることは，一般に，容易ではないことが知られている．

　それでも，要求分析は必要な作業である．大切なのは，相互に理解したことを確認し合うことである．これはやさしいように見えるが，実は極めて難しい．

　業務担当者，経営管理者，経営者はともにそれぞれの担当分野の専門家としての自負があって，情報システムの初歩的な用語や仕組みを質問したり，確認したりすることに臆病である．実は"データ"という聞き慣れた語についてでえ，データ管理者の間に理解の食い違いがあるのである［1.1節（11ページ）参照］．

　一方のデータ管理者は，要求分析を担当する業務分野について，十分な知識をもっていることをデモンストレーションしなければならない立場であることが多い．それが彼らの業績評価に直結するからである．そのため，調査した要求内容の"一を聞いて十を知る"ことができるという"態度"をとる傾向が強い．初歩的と感じる事柄を確認するための質問などできないのである．

　互いに，こういう立場にいながらの要求分析であることを，双方ともよく理解する必要がある．質問や確認は必須のステップであ

る．率直に情報交換をする雰囲気の醸成が必要である．そうすれば，各関係者がどのような状況で何のためにどのようなデータの活用をしたいのかを，見つけ出すことができるであろう．

そうすることが，利用目的を満足させるデータの検索・利用を実現する第一歩である．

7.8 解決の当事者の課題認識をよく理解し，補足し，支援する！

一般に活用したいデータやそれが必要になる場面については，当事者である業務担当者，経営管理者，経営者などを対象にして要求を調査し，分析することができる．

ただし，要求分析は，当事者の言葉どおりに受け取って整理すればよいということではない．要求分析では，当事者が必要な情報は何であるのかをよく知っているという，暗黙の前提を置きがちである．しかし，この前提が間違っていることは，半世紀も前に指摘されている[14]．

そのうえ，伝統的には，業務遂行に必要なデータは，頭の中や手帳に書き入れておくもので，経験と優秀な判断力で業務をこなすという仕事のスタイルが好まれてきた．（情報システムの導入教育として"操作方法"を教習しても）データを積極的に活用するトレーニングは，ほとんど行われてこなかった．

業務担当者は，解決すべき課題を経験的には理解し，解決策を見つけることができるとしても，それを論理的に行っているのではな

いことが多い．また，利用したいとするデータも経験的に見つけていることも多い．必要だというデータを活用すれば，よい課題解決が可能だという論理的説明はもち合わせていないことが多いものである．

一般的に，業務担当者は実務上，そのようなことを求められてはいない．必要なデータとそれを活用する場面について調査し，その分析の中で，活用場面をよく分析し，解決すべき課題のモデルを作成して，要求されたデータが真に適切で十分かを吟味するのは，意思決定支援，あるいはデータ分析（analytics）支援の専門家の役割である．

従来，情報システム設計・開発のプロジェクトにこうした人材が組み込まれることはまれだったと言えるが，今後はその重要性が増していくと予想される．

7.9 データを活用するインセンティブが生じるようにする！

データ利用が業務の邪魔にならないこと［7.6節（126ページ）参照］は必要条件であるが，十分条件ではない．利用の努力に見合う，十分な付加価値が得られるというインセンティブが働かなければ，データは利用されない．

データを活用するとは，考えることであり，それは一般に，非常に面倒なことである．そんなことを自ら進んでやるとすれば，それが得だからである．

しかも，ある場面での利用を想定して用意したデータを一生懸命

読んだからといって，付加価値がつくわけではない．付加価値をつけるには，データから［情報］を読み取って，これを活用して課題を効果的に解決することができなければならない．

これはデータを与えさえすればできるというものではない．その使い方をデータ利用者が会得していなければならない．つまり，必要なデータを明確にする素養ばかりではなく，データを活用する素養も利用者は獲得する必要がある．

ビジネスインテリジェンス（BI：Business Intelligence）ソフトウェアを導入しても，利用度が思ったようには上がらない事例が多いのは，利用者にそのような素養が不足しているからである．

なお，エプラー（Martin J. Eppler）[17]には，比較的複雑なデータ，あるいは知識を中心に考えた［情報］の読み取りやすい表現様式が提案されているので参考になる．

7.10 データ品質管理の5Mの特異性に配慮した管理を志向する！

品質管理の対象は5Mだと言われる．人，方法，機械，原材料・部品，測定である．測定については第5章と第6章で検討した．原材料・部品であるデータ（生データや処理済みデータ）が一般の資源に比べてどのような特異性をもつかは，6.4節（109ページ）と6.5節（111ページ）で検討した．

機械は，データの場合，情報システム，すなわち，ハードウェア・ソフトウェア・ネットワークである．その運用管理はデータ管

理者が担当する．IP の製造プラントとでも言うべき情報システムの設計・開発と運用管理を担当する ICT 部門が一手に行うのである．生産設備の管理が，設備部門ばかりでなく，利用の現場でも実施されるのに比べると，データ制作者やデータ利用者は，情報システムの管理にほとんど関与しない点に留意する必要がある．データ制作者やデータ利用者とデータ管理者のコミュニケーションの量と質が，いかに重要なのかがわかる．

　生データ入力（つまり，原材料・部品の生産工程）や IP 制作の方法ばかりでなく，IP の活用方法も，データ品質向上にとって重要な要因となることは，一般の製品やサービスの場合と際立った違いである．このことは，人の管理［8.2 節（136 ページ）参照］において，技能の教育・訓練よりも，知能の教育・訓練が重要になることに直結する特徴である．

7.11　利用文脈の提案とデータ活用方法の訓練を志向する！

　"利用文脈" とは，IP の使い方の例として利用者に提案する，データ活用の場面をいう．利用文脈は想定文脈と一致する場合がある．例えば，コンビニエンスストアの事例［4.6 節（75 ページ）参照］がそうであった．

　しかし，想定文脈とは異なるが，業務の中にデータ利用に適した場面を探し，そこでの利用の仕方を提案する場合もある．データを利用してもらいたい取引相手との間で，データ利用が必要になるようなビジネスルールを構築したタビオの事例[6)]は，その一例である．

どちらの事例とも，意思決定者に対して，関連性の次元の品質の高いデータを提供しつつ，そのデータを利用することで付加価値が高められるような状況，つまり，利用文脈を意図的に作ったところに特徴がある．

 利用文脈を意図的に作るという行為は，提供する IP が課題解決に効果的な［情報］を含んでいることを例示したり，暗示したりすることで，データ利用者が［情報］の読み取り方を会得する手助けをすることである．

 一般的な情報リテラシーを高めるためには，体系的な教育・訓練が必要である．これは正に"言うは易く行うは難し"である．しかし，特定の状況設定のもとで，特定のデータ群を利用する能力を高めるのは，それに比べればはるかに容易である．

第8章 データ品質改善へのアプローチ

　データ品質に問題があるとわかっても，過去に遡ってデータ入力をやり直すことはできない．せいぜい問題を軽減することができるだけである．ここでは，そのために利用できる方法とデータ品質管理にかかわる標準化の動向を紹介する．

8.1　TQMにおける見える化とデータ品質管理の関係

　"見える化"は，品質管理活動を促進し，有効性を高めることをねらいとする情報活動と位置づけることができる．"見える化"というネーミングが明確に示すように，この情報活動のねらいは，問題の発見，原因の分析，解決・改善策の立案，そして，実施を進めるのに最も効果が上がるようなデータの制作と利用にある．

　見える化を"Show and share for solving problems"と英訳するのは，まさに，この点をうまく言い表している．データ品質管理も品質管理の一つであるから，その推進のために見える化を応用することが可能である．

　見える化理論の第一人者である久保田洋志（広島工業大学名誉教授）は，見える化の手段として，概念化，文書化，表示化，装置化，IT化を五つの"化"としてあげる[8]．これらはデータ品質管

理の見える化の手法としても応用できる．

① **概念化**

思想，理念，価値観，目標，指針というような，抽象度が高く，理解を深める困難性の高いものの見える化を言う．品質管理では，TQM，5 S，5 M，PDCAなど，象徴的な略語がよく使われる．これらは品質管理活動にとって重要な考え方や要素を見える化したものと理解できる．

② **文書化**

方法，手順，規則，標準，報告といった，組織内で共有し，一貫して実施することが求められることの見える化を言う．作業標準や標準作業手順を定める，業務手順書を作成する，日報の様式を定めるなどは，その例と言える．

③ **表示化**

状態，状況，実績，進捗など，いわゆる現状を把握するために必要なデータの見える化を言う．表示化には目標やあるべき姿と実績の差異を示すという方法がよく使われる．

④ **装置化**

見える化の方法として装置や仕掛けを利用することを言う．アンドン，ポカヨケ，カンバンなどはその代表的な例である．

⑤ **IT 化**

上述の四つ（① 概念化，② 文書化，③ 表示化，④ 装置化）の見える化を実現するために ICT を利用することを言う．提示すべき情報が形式情報（データや知識）に変換でき

8.1 TQMにおける見える化とデータ品質管理の関係

るのであれば，ICTを活用して，その情報を様々な図表やモデルにしたり，表示したりすることは極めて効率的な方法である．

ICTを利用していない見える化にICTを導入すると，従来よりも効率化し，効果が増大できるかを検討してみることは，見える化の改善策として有望だと思われる．ただし，掲示板（活動板）や標語を利用する伝統的でアナログな方法が，社内の運動を盛り上げるには効果的なことも多いということを忘れてはならない．

他方で，見える化は我が国の製造現場における，最も活発なデータ品質高度化活動と見ることができる．見える化では，対象とする現場に関する厳選され，包括的に注意深く構成されたデータを提示する方法が様々に工夫されている．単に，必要なデータを提供することだけにとどまらず，潜在的利用者として標的にした関係者（ステークホルダー，経営者，管理者，現場長，現場担当者）が必要とするデータを整理，体系化し，提供するデータから［情報］を読み取りやすいような提供形態や方法を追究している．

したがって，アナログな方法を中心にして行われている見える化における情報選択や提示の方法を，データ品質の高度化に応用するとしたら，どのように行えばよいかを検討することによって，情報品質改善の新しい方法を開発することが期待される．

8.2 データ品質改善のための人材育成

データ品質は，データ利用の成果に応じて評価される．どのようなデータをどれほど巧みな工夫をして提供しても，データ利用者が有効に活用できなければ，データ品質は低いと評価される．提供データとその利用者の情報リテラシーの総合効果として，成果は上がるものだということを強く認識する必要がある．

データ品質は，データが使われてはじめて意味が出てくる世界である．データ利用者がデータを使って成果を上げようというインセンティブをもたなければ，どんなデータも品質が高いと評価されることはない．

加えて，データ活用の知識と実践力が必要である．なぜなら，データを活用するということは，知的で実践的な活動だからである．

データを分析して［情報］の取得に一層適したデータに変換する技術を分析力（analytics）という．分析力を高めるために必要な知識には，図表化，多次元解析，統計分析，データマイニング，最適化手法など，数理知識に関連するものが多い．分析手法の詳細知識までは必要でなくても，どのような性質のデータにどのような手法を適用すれば，どのような文脈で有益な情報が得られるか，それはなぜか，というような"活用知識"は不可欠である．

知らない手法を用いてデータ分析して得た結果を，自分の業績（つまり，人生）を左右する重要な判断の基礎にするということは考えられない．"活用知識"の教育・訓練が，データ利用者の側か

らデータ品質を高めるために必要である．

データ活用のインセンティブは，それによって仕事の成果が上がる，あるいは仕事の効率が上がるという確信から生まれる．簡単に言えば，使ったほうが得だと思うことである．さらにその基盤には，仕事に対する意欲がなければならない．

仕事の成果を上げたいという意欲は，データ品質向上に限らず，経営管理においては普遍的に求められる．その意欲や欲求をよりうまく実践するために，データ活用が有益だと知ることが必要である．成功例を示すのは，そのための効果的な方法である．

分析手法の活用知識の前提として，解決しなければならない問題を整理し，問題の発生や改善に大きな影響を与える要素を見極める能力を向上することも必要である．影響の大きな要素の状態や変化の傾向に関するデータが，問題の分析や解決・改善策の立案のためには，なくてはならないからである．そのような能力の向上には，システム分析やモデル化の知識が，特に効果があると言える．

これらの知識は，理系では馴染みやすいのであるが，文系ではどちらかというと毛嫌いされる．文系と理系に二分するのは便宜的なもので，もともと，科学の本質とは無関係である．近年は専門分野をまたぐ境界領域の知識の重要性が高まっているが，分析力の向上に資する上述のような活用知識を文系と理系の境界領域の知識として，教育・訓練する方法の開発と普及が待たれるところである．

8.3 既存データの品質改善について

メタデータ(概念スキーマ)の記述に従わないデータが関係表(81ページ参照)にあれば、その関係表のデータ品質は低下する。さらに、メタデータに記述された内容は完全であるが、データを入力するときの編集検査が不完全なために、データ品質が低下するかもしれない。もちろん、データ入力に手抜きやタイプミスがあって、不完全なデータができることも珍しくない。

このような原因によって"誤りのなさ"や"完全性""解釈しやすさ"の次元で低い評価のデータが制作される。そのような欠陥を含んだデータが制作されてしまった場合、その品質を改善する作業が必要になるかもしれない。その場合、"データクレンジング"[データ洗浄(data cleansing)]や"名寄せ"(重複データの統合)が行われる[15]。

"データクレンジング"とは、データの欠陥をなくしてきれいにすることである。データクレンジングでは、データ値の単純な間違いを訂正することのほかに、欠損値の処理、異常値の処理、異体字の整理、表記方法の統一などが重要である。

欠損値や異常値が発見された場合の処理は、データを利用する文脈によって異なる。データを処理するソフトウェアが停止するというような不測の事態の発生を防ぐためには、既知の特定の値に置き換えることも一つの方法である。統計処理に使うデータの場合には、そうしたデータを除外することや、平均値のようなもので代用することがある。

8.3 既存データの品質改善について

"斎藤""齊藤""斉藤"のように，複数の漢字が当てられる名前を間違って表記するというように，異体字を間違って使うことは固有名詞でよく発生する．住所の場合，郵便番号の前半の3桁と後半の4桁を"-"（ハイフン）でつなぐ表記とハイフンを入れない表記が混用されたり，アパートやマンションの名称を記載するものと省略するものが混用されたりすることがある．このような，表記方法の不統一が発生することもある．

異体字や不統一な表記方法の問題への対応には，類似した二つのデータが異なる対象を記述したものか，それとも同じ対象を記述したものかの判定が必要になる．つまり，重複の判断が必要になる．

メタデータに規定されているルール自体が不完全で，それを守ったとしても，一つの事柄に対して複数のデータ値を割り当てることが可能になり，複数のデータが作られるかもしれない．顧客名の重複する登録についてはすでに言及した［5.3節(2)項（88ページ）参照］．

複数の事業所や部署が異なるメタデータの規定のもとで，同じモノ・コトに関する関係表を作っているかもしれない．同一の事業所や部署の中で，複数の人が入力を担当するかもしれない．そのような場合，同じモノ・コトに関するデータが重複する可能性が高まる．

重複データであるかどうかの判定は，既存データの品質改善で基本的な課題である．そして，この問題はマスターデータの管理で特に重大な問題になる．

8.4 マスターデータの管理と重複への対応

経営活動の中で使われるデータには大きく二つの種類がある．一つは，個々の活動・取引とともに発生するデータで"トランザクションデータ"（transaction data）と呼ばれる．もう一つは経営環境に比較的安定して定常的に存在するモノ・コトに関するデータで，これは"マスターデータ"（master data）と呼ばれる．マスターデータに記述されるモノ・コトがトランザクションの主体や客体になる．

近年は第3の種類として，多様なソーシャルメディアに発信される"コミュニケーションデータ"（communication data）が重要性を増しているのは周知の事実である．

マスターデータには，顧客データ，取引先データ，製品設計製造データ，従業員データ，機械設備データ，製品データ，位置データなどがある．マスターデータは企業間取引でも重要であるが，企業内の情報システムにとっても極めて重要である．なぜなら，様々な業務はマスターデータとして記載されているモノ・コトに関連させて記述されるからである．

マスターデータは，取引先にとっても重要なデータとなる．それが原材料になったり，商品になったり，あるいはサプライヤーとして，販売やサービスの対象になったりするからである．つまり，取引先企業にとってもマスターデータとなる傾向が強い．

顧客との取引は，顧客マスターからの当該顧客データ，製品マスターからの当該製品データ，位置マスターを参照して入手する当該

8.4 マスターデータの管理と重複への対応

納入地データなどを必要とする．

　配送計画を立てようとすると，配送計画に盛り込まれるべき注文データ（トランザクションデータの一種）とともに，顧客マスターを参照して入手する納入先顧客に関するデータと各注文品の納入地データ，製品マスターを参照して入手する梱包方法やサイズのデータなどが必要になる．

　企業が多くの支店や事業所を有する場合，それらすべてがマスターデータの管理を必要とする．ということは，同一の記述対象を複数箇所で重複して所有するかもしれないことになる．だからこそ，全社で一貫した統合的なマスターデータのデータベースを構築する必要がある．

　さらに，企業の情報システムは業務処理のための多種類のアプリケーションから構成されるが，各アプリケーションが独自のマスターデータのデータベースを作成するかもしれない．例えば，営業アプリケーションと経理アプリケーションが異なる顧客マスターを利用することは珍しくない．

　複数箇所に分散されたマスターデータのデータベースを統合するときには，重複データを統合してデータの唯一性を確保しなければならない．そうでなければ，マスターデータの対象，例えば，顧客や製品について，企業としての全体像を把握できなくなる．

　マスターデータのデータベースが1個しか作られていない場合でも，重複するデータがあれば同様の問題が生じる．営業部門が登録した顧客データと経理部門が登録した顧客データが異なっていれば，請求書発行業務に困難を生じるのは明らかである．設計部門が

登録した部品名が，保守サービス部門が登録した部品名と一致していなければ，保守サービスに必要な部品の在庫を確認できないかもしれない．

データに誤りがあるかどうかを判定したり，二つのデータが重複しているのか，それとも異なる対象を記述するのかを判定したりするのは，非常に微妙な問題である．それは，原理的にはデータがリアル世界の何を記述しているかの判定を必要とするからである．これはデータの意味を問うことである．

一般的には，誤りや重複の可能性の判定ルールを決めて，怪しいデータを自動的に抽出するが，最終的には，人による判定が必要になるものである．特に，重複かどうかを判定するには，何を比較するのかという"突き合わせ規則"と"重複かどうかの判定基準"が必要になる．

重複を防止する方策は，全社的にマスターデータのメタデータを，重複が発生しにくい高品質のものに統一することである．

8.5 データ品質管理のための国際規格について

国際標準化機構（ISO：International Organization for Standardization）の国際規格には，品質マネジメントシステム（QMS：Quality Management System）に関するものとして，ISO 9000ファミリーがある．これはIPの品質マネジメントシステムにも適用可能な，汎用的な品質マネジメントシステムを規定している[7]．

これに対して，近年，高品質データの実現をねらいとする"ISO

8000 シリーズ"と呼ばれる規格の制定が進められている．"電子商取引コード管理協会"（ECCMA：Electronic Commerce Code Management Association）は国際的な非営利の商取引コード管理の団体である．この団体が ISO 8000 シリーズの規格制定を中心になって進めている．

ISO 8000 シリーズのテーマは，データ品質（data quality）管理である．現在までに ISO 8000-100 シリーズが制定された[5]．これはマスターデータのメタデータに関する国際規格である．

現在，多くの企業間取引は電子データのやり取りで行われる．いわゆる"電子データ交換"（EDI：Electronic Data Interchange）の利用である．電子データを送受信する取引企業は，完全に一致するとは言えないまでも，双方のマスターデータが整合していなければ，極めて大きな困難に直面する．

例えば，納品伝票に記載された商品 A に関するデータが，納入先のマスターデータと異なる構造になっていると，電子データの処理が円滑に進まない恐れがある．

そこで，取引の中で授受されるマスターデータの整合性を確保するための標準が必要になる．ISO 8000-100 シリーズの国際規格は正にそのために制定された．

ISO 8000-100 シリーズに関しては，ECCMA が国際規格順守の検定を行い，認定を受けた組織を登録して品質保証をするサービスを提供している．

ISO 8000-100 シリーズは，マスターデータのメタデータに関する国際規格であるが，メタデータが標準化されても，個々のマス

ターデータが取引企業間で整合することは保証されない．メタデータは，マスターデータのデータベースの構造を標準化するだけで，記述対象となる個々のモノ・コトの記述，つまり，データ値についての標準ではないからである．

そこで，データ値についての標準も作られている．例えば，ISO 22745 シリーズは NATO 軍の調達品データ値の国際規格である．

EDI は取引，すなわち，トランザクションに関する電子データ交換である．したがって，マスターデータの標準化が進めば，次はトランザクションデータの標準化を目指すのは自然な成り行きである．現在，正にその作業が進められている．

なお，昨今では製品製造が分散型の製造システムで行われることが多くなっている．その場合に，設計・製造データを電子データとして授受することが必要になる．つまり，CAD/CAM/CAE などのデータの EDI が必要になる．このような分野においても，データの標準化の努力は行われている．ISO 10303 シリーズ，通称 "STEP"(Standard for the Exchange of Product model data) や，我が国の一般社団法人自動車工業会（JAMA）と一般社団法人自動車部品工業会(JAPIA)が共同で推進・管理している "PDQ(Product Data Quality) ガイドライン" はその例と言える．

第9章 高データ品質を目指す情報システム設計・開発について

利用者に高品質のデータを提供することを目指す，情報システムの設計・開発の新しい考え方を紹介する．

9.1 情報システムを構成するアプリケーションの特性

情報システムは様々なアプリケーションから構成される．これを"コスト―価値志向軸"と"定型―非定型処理軸"で大まかに分類したのが図 9.1 である．

第2象限（左上）から第4象限（右下）に引かれた破線（……）は，データの値そのものの処理を目指す領域と意味情報を目指して行う処理の境界を，こちらも大まかに示している．また，コミュニケーションはどの象限の情報処理作業にも使われるという意味で中央に配置してある．

"アンソニーの3階層"［5.5節（95ページ）参照］をピラミッド型で示して，図 9.1 に重ねるとすれば，第1象限（右上）に戦略的決定，破線の辺りに管理的統制，そして，第3象限（左下）に業務的統制が重なるように傾けた配置になる．管理的統制の階層でデータ依存と［情報］依存が混在する．

ビジネスインテリジェンスやデータマイニングのアプリケーショ

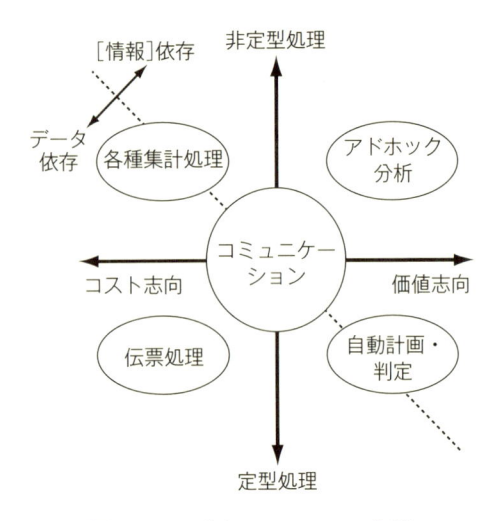

```
            [情報]依存      非定型処理
              ↕    ↑
      データ       │
      依存  ┌─────┐    ┌─────┐
           │各種集計│    │アドホック│
           │ 処理  │    │ 分析  │
           └─────┘    └─────┘
                  ┌──────┐
    ←─────────│コミュニケー│─────────→
    コスト志向    │ション  │    価値志向
                  └──────┘
           ┌─────┐    ┌─────┐
           │伝票処理│    │自動計画・│
           │      │    │ 判定  │
           └─────┘    └─────┘
                    │
                    ↓
                  定型処理
```

図 9.1 アプリケーションの分類

ンは第1象限，生産日程計画，商品配送計画などのアプリケーションは第4象限，週報と日報というような報告書の利用は第2象限，そして，業務処理に付随して行う伝票処理やデータ入力は第3象限に対応する．

すでに5.5節（95ページ）で述べたように，アプリケーションの特性に応じて，データ品質次元の評価基準や重要性の程度を表す重みが異なる．情報システムの設計・開発と運用は，高いデータ品質を実現しようとするなら，このことを十分に認識して行う必要がある．

9.2 実際文脈をうまく予想して想定文脈を設定する

すべてのアプリケーションは各データ利用者の実際文脈［4.2節（64ページ）参照］にあわせて利用される．アプリケーションがデータ利用者に提示するデータが高品質であるためには，各データは実際文脈に適合するように設計される必要がある．

しかしながら情報システムの設計段階では，実際文脈は推定するしかない．情報システムが開発され，実際の利用に供されるのは，将来のことだからである．推定された文脈が想定文脈である［4.2節参照］．

想定文脈に基づいてデータとその提供サービスの仕方を計画し，それをハードウェアとソフトウェアの設計に反映させ，実際に情報システムを開発して，利用と運用管理のための組織や制度を構築して，データを提供するという過程を簡単に示したのが図9.2である．

同図でデータ特性やサービス特性は，目標とするデータ品質を確保するために必要となる，品質次元の目標とするよさの発見を確実にするために設定するものである．それは提供するデータとその提

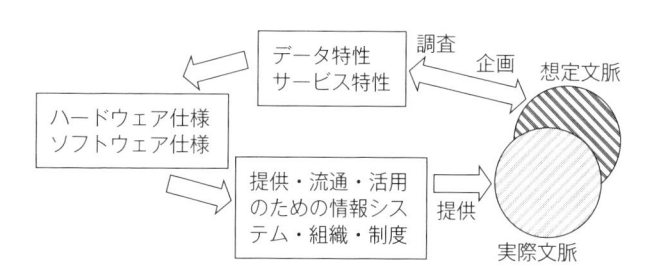

図 9.2 情報システムの設計と開発は想定文脈に基づく

供サービスの具体的内容を規定するもので、表 5.2（84 ページ）の製品品質、サービス品質を左右する。これらの特性は、ハードウェアとソフトウェアによって実現される。言い換えれば、データ特性とサービス特性は、情報デザイン［4.2 節（64 ページ）参照］の成果である。

情報システム設計の段階で、想定文脈は実務担当者やその関係者との情報交換によって明らかにされる。いわゆる要求分析である。これは多くの場合、実務の実態において必要となるか、あるいは効果があると考えられるデータをあぶり出すことを通して行われる。

しかし一般に、業務担当者や監督者は、将来必要になるかもしれないデータを指摘することが、大変苦手である。現に発生することを分析して機敏に対応する能力と、将来状況を予想して対応を構想する能力は大きく異なるからである［7.8 節（128 ページ）参照］。

情報システム分野におけるこの状況は、我が国の製造現場における、技能者が積極的に品質向上にかかわる提案を行い、設計技術者や生産技術者がそれを取り入れて、高い製品品質を実現してきた状況に比べると、大きな隔たりがある。

このギャップを埋めるために必要な人材育成については、8.2 節（136 ページ）で述べた。

9.3 情報処理要求は開発するものという思想の重要性

情報システムへの情報処理要求を調査・分析して、情報システム仕様を策定するという作業を、データを制作して入力することも、

検索してデータを利用することも，ともに情報処理であるという観点から検討してみる．

経営活動の一環として行う業務や問題解決活動は，多くの情報処理を包含している．それを意識することが少ないのは，情報処理が人間の生活にあまりにも密着しているためかもしれない．情報システムを導入するとは，そのように私たちの活動と一体不可分の情報処理を新しいやり方で行うということである．

表現を変えれば，業務や問題解決と一体不可分のものとして存在する情報処理の中の，データの利用に関する部分をICTの活用によって再構築することである．

2000年の前後には"BPR"（Business Process Re-engineering）がもてはやされた．ちょうどネットワークの普及とPCなどの情報処理機器の小型化が急速に進んでいるときであった．新しいICTを効果的に活用することができれば，企業間競争に有利な業務処理や顧客サービスが可能になる．仕事の手順を革命的に見直そうというのがBPRを推進する原動力だった．

もうおわかりかと思うが，BPRとは，情報システムの要求仕様を，ビジネスを進める過程の革新という観点から整理しようというものだったのである．

私たちは情報システムの導入や更新が，仕事のやり方を必然的に変えるものだと考えているから，要求調査・分析が，新しい仕事のやり方，すなわち，ビジネスの新しい過程を考案することにつながるのは自然な成り行きである．

ビジネスの全体を革命的に変えるのか，一部の工程を改善するの

かは，導入・更新する情報システムの規模の違いであって，向かう方向は同じである．問題は，どうやって効果的効率的な新しい過程を創出するかである．

第1に注意すべきなのは，要求は単に調査・分析すれば明らかになるものではないということである．ビジネスの新しいやり方を考案するのであるから，要求は調査・分析を通して開発するものだというスタンスが重要である．

第2に，この開発は対象とするビジネスの競争環境，あるいは問題環境における業務知識とICT知識のコラボレーションを必要とするということである．ビジネスとそこにおける業務のあるべき姿について高い見識をもつビジネスの担当者とICTや情報システムサービスの可能性に高い見識をもつICTの担当者が知恵をもち寄る必要がある．

第3に，コラボレーションが可能であるためには，ビジネスの専門家とICTの専門家が，意思疎通できる素養を双方ともにもたなければならない．分野の異なる専門家は異なる語彙をもっているものである．同じ言葉でも異なった意味合いで理解する．そのことは，納期というありふれた言葉でも，製造部門と営業部門とでは異なった意味で使うこともよくあることを思い起こせば，わかることである．

この"言葉のカベ"を克服するのは容易ではないという認識をもって，双方が共通の理解をもったことを確認しつつ，調査・分析を進める努力が求められる［7.7節（127ページ）参照］．互いの専門性を主張し合うだけでは，よい要求を開発することはできない．

第4に,近年,要求開発に活用できると思われる"ビジネス分析"(BA:Business Analysis)の手法が考案されて,発展途上にある.その内容は『BABOK』[ビジネス分析の知識を整理した書籍(NPO法人IIBA,カナダ)]として提供されている.要求開発にそれをどう活用すればよいかはこれからの研究課題であるが,糸口としては有望だと言える.

最後に,経営トップの理解と積極的な関与が必須である.企業の競争環境に打ち勝ち,競争戦略を具体化する新しい業務プロセスを考案して実現するには,全社的な運動の盛り上がりが必要である.まして,データの制作・利用という,高いインセンティブの必要な活動への関与を,ICTとは無縁の一般社員に求めるのである.組織のトップの深い理解とコミットメントがなければ,そのようなことの実現は不可能と言ってよいであろう.

なお,要求分析の結果や情報システムの概念設計を記述するこれまでの方法には,データ品質に関連する要求を記述できるものがなかった.しかし最近,データフロー図を拡張したIPマップ(IP–MAP),UML(Unified Modeling Language)を拡張したUML–IP,ER図(Entity Relationship Diagram)を拡張したQER図(Quality Entity Relationship Diagram)など,いくつかの提案がされている[12].

お わ り に

　本書では"情報品質とは何か"を理解するために，形式情報と意味情報の概念を利用した．形式情報は（コンピュータ）情報システムから提供することが可能な情報であることから，簡単のために形式情報をデータと表記して，データ品質次元を紹介し，意味情報の品質との違いを論じた．

　多くのデータ品質次元について客観的評価尺度を構成した．さらに，主観的評価方法の一つを紹介し，客観的評価と主観的評価を総合的に分析する手法を述べた．また，高度情報社会の重要な経営資源である情報の，他の経営資源と比べたときの特異性を明らかにして，情報品質管理と一般の品質管理はどこが異なるのかを論じた．

　最後に，高い情報品質を作り込むデータ制作・流通・利用の過程を確立するために，どのようなスタンスで品質管理と向き合うのがよいのかを検討し，データ品質改善の着眼点を提示するとともに，情報システム構築のためのアプローチを論じた．

　本書で紹介し，また，論じた内容はいずれも初歩的な範囲にとどまらざるをえなかった．情報品質管理に深く立ち入るには，情報システムと情報技術についての知識が必要となるからであり，他方，現場に即してデータ品質管理の個別で具体的な方法を論じるには，具体的な事例に深く立ち入ることが必要だと思われたからである．

　我が国における情報品質管理研究は，まだ始まったばかりである．今後，産学官の協力を深め，現場の経験を融合して，製品の品

質管理と同様に,世界の情報品質管理のリーダーになることが,我が国の経済をますます発展させる原動力になると信じている.

関口　恭毅

参 考 文 献

1) ウィキペディア"オリンパス事件"
   http://ja.wikipedia.org/wiki/オリンパス事件　（2013 年 5 月 13 日確認）
2) ファーストサーバ株式会社 第三者調査委員会(2012.7.31)：調査報告書(最終報告書)＜要約版＞，ファーストサーバ株式会社
3) セブン-イレブン・ジャパン，NEWS RELEAS "セブン-イレブン「第 6 次総合情報システム」の概要"(2006.5.25)
   http://www.sej.co.jp/mngdbps/_template_/_user_/_SITE_/localhost/_res/pdf/2006/052502.pdf　（2013 年 5 月 22 日確認）
4) リチャード Y. ワン他編，関口恭毅監訳(2008)：情報品質管理，中央経済社
5) 次世代電子商取引推進協議会編(2009.3)：取引データ品質管理ガイド検討調査研究報告書，次世代電子商取引推進協議会
6) 古賀広志(2009)：システム開発と情報品質保証［文献 11］（第 4 章）］
7) 久保田洋志(2009)：情報の品質マネジメント［文献 11］（第 3 章）］
8) 久保田洋志編著(2012)：見える化があなたの会社を変える，日本規格協会
9) 日本経済新聞 "消えた年金 4 割不明" 2012.12.8　朝刊，日本経済新聞社
10) 株式会社日本触媒 事故調査委員会(2013.3)："株式会社日本触媒 姫路製造所 アクリル酸製造施設 爆発・火災事故 調査報告書"
11) 関口恭毅編著(2009)：情報品質の研究，日本情報経営学会叢書 4，中央経済社
12) 関口恭毅，稲永健太郎 "情報品質の測定と改善"［文献 11］（第 5 章）］
13) 八鍬幸信，関口恭毅 "情報品質特性の検討"［文献 11］（第 6 章）］
14) Ackoff, R.L.(1967)："Management Misinformation Systems", Management Science, Vol.14, No. 4, pp.B147-156
15) Carlo Batini, Monica Scannapieca(2006)：Data Quality, Springer, Berlin
16) English, L.P.(2009)：Information Quality Applied, Wiley Publishing, Inc.
17) Eppler, M.J.(2006)：Managing Information Quality, Springer, Berlin
18) Gorry, G.A. and Scott Morton, M.S.(Fall, 1971)："A Framework for

Management Information Systems", Sloan Management Review, pp. 55–70
19) Internet Watch, "孫正義ソフトバンク BB 社長が謝罪"
   http://internet.watch.impress.co.jp/cda/news/2004/02/27/2257.html
   (2013 年 5 月 22 日確認)
20) Lee, Y.W., Pipino, L.L., Funk, J.D. and Wang, R.Y.(2006)：Journey to Data Quality, the MIT Press, Cambridge, Massachusetts
21) Lee, Y.W., Strong, D.M., Kahn, B.K. and Wang, R.Y.(2002)："AIMQ: A Methodology for Information Quality Assessment", Information & Management, Vol.40, No.2, pp.33–146
22) Mailing Industry Task Force(Spring, 2003)："Improve Address Quality", USPS Pamphlet, pp.1–3
   http://www.usps.com/strategicdirection/mitf.htm (2003.6.24)
23) Pipino, L.L., Lee, Y.W. and Wang, R.Y.(2002)："Data Quality Assessment", Communications of The ACM, Vol.45, No.4ve, pp.211–218
24) Redman, T.C.(August, 2004)："Data: An Unfolding Quality Disaster", DMReview, pp.1–7
25) Shiba, S. and Walden, D.(2001)：Four Practical Revolution in Management. Productivity Press, New York
26) Wang, R.Y. and Strong, D.M.(1996)："Beyond accuracy: what data quality means to data consumers", Journal of Management Information Systems, Vol.12, No.4, pp.5–34
27) Wang, R.W., Lee, Y.W., Pipino, L.L. and Strong, D.M.(Summer, 1998)："Manage Your Information as a Product", Sloan Management Review, pp.95–105

索　引

アルファベット

accessibility　52
AIMQ　105
analytics　136
BA　151
BPR　23, 149
contextual　52
data cleansing　138
DQAF　57
DSS　95
duplication　88
ECCMA　143
EDI　143
edit check　126
formalized information　30
gap analysis　103
GIGO　14
GOT　76
GUI　53
ICT　28
　——による情報システム　43
　——部門　113
information　11
Information Product　120
　—— Manager　119
integrity error　88
intrinsic　52

IP　120
　——在庫　120
　——マップ　151
IPM　119, 120
IQA　100
ISO　142
ISO 8000 シリーズ　142
ISO 8000-100 シリーズ　143
ISO 9000 ファミリー　142
ISO 10303 シリーズ　144
ISO 22745 シリーズ　144
IT 化　134
Null 値　91
PDQ ガイドライン　144
PSP/IQ モデル　102
QER 図　151
QMS　142
representational　52
semantic error　87
Show and share for solving problems　133
STEP　144
syntactic rule　87
syntax error　87
UML–IP　151
unique identifier　88
volatility　91

あ

値レベル　81
アプリケーションの分類　146
誤り　89
　　——のなさ　51, 52, 54, 58, 84, 89
安全性　51, 52, 54, 58, 84, 94
アンソニーの3階層　95, 145

い

意思決定支援環境　75
意思決定支援システム　95
一貫性　57
五つの"化"　133
意味誤り　87
意味情報　33, 35, 65

お

重みづけ和　97

か

ガーベジイン・ガーベジアウト　14
解釈しやすさ　51, 54, 84, 94
概念化　134
概念スキーマ　81
　　——の記述データ　81
価格づけ　110, 112, 122
活用知識　136
関係データベース　81
関係データモデル　81
関係表　81
簡潔な整理　51, 52, 55, 59, 84, 93

完全性　51, 52, 54, 58, 84, 91, 92
カンバン方式　24
管理要素　111
関連性　51, 52, 54, 59, 84, 93

き

消えた年金記録　15
揮発性　84, 85, 91
客観性　51, 54, 84, 93
供給源　110, 112, 113, 122
共用性　109, 112, 113, 122

け

経営管理活動の三つの階層　95
経営分野における情報品質　61
経過時間　91
形式情報　30, 31, 33, 36
　　——と意味情報の関係　33
消された年金記録　15
欠陥　50
健全な情報　102

こ

更新性　110, 112, 122
構文誤り　87
構文規則　87
国際標準化機構　142
言葉のカベ　150
コミュニケーションデータ　140
固有品質　52

さ

サービス品質　84, 85
サイバー世界　28, 30

差異分析　103

し

識別子　88
仕事をする状況　71
事実の正確な反映　86
市場課題　62
事前管理　112
実際　65
　——文脈　65, 73, 74
重複　88
　——の統合　138
首尾一貫した整理　51, 52, 55, 84, 93
状況　71
情物一致　110
情報　11, 34, 35, 37
　——システム　42, 43, 57
　——処理　149
　——製品　120
　——製品管理者　119
　——通信技術　28
　——デザイン　66, 78
　——の品質　38
　——品質　39, 61
　——品質評価　100
［情報］　35, 36, 37, 77
　——品質　39, 77
人為性　110, 112, 122
信用性　51, 84, 94

せ

整合性誤り　88
整合性レベル　82
生産課題　62
脆弱性　110, 112, 122
製品品質　84

そ

総合データ品質　97
操作しやすさ　51, 53, 58, 84, 94
装置化　134
想定文脈　65, 73
　——と実際文脈のレベルの違い　64
属性　44

た

タイムリーさ　51, 52, 58, 84, 90, 91
頼もしい情報　102
タビオの事例　131

ち

知識　12, 32, 33, 38
知的能力　32
知能　32, 33, 37
宙に浮いた年金記録　15
重複　88
　——データの統合　138

つ

使える情報　102

て

データ　11, 31, 33, 37, 38, 41
　——管理者　99
　——クレンジング　138
　——欠陥の類型　47
　——洗浄　138

——値の誤り　86
　　　——特性　84
　　　——とリアル世界の状況 R の関係　44
　　　——に高品質を作り込む　112
　　　——の判定　86
　　　——の制作・流通・利用の 3 フェーズ　42
　　　——の品質　41
　　　——分析　74
　　　——モデル　80
データ品質　37, 38, 39, 41, 77
　　　——管理の 5 S　124
　　　——次元　51, 78, 79, 84
　　　——と情報品質　78
　　　——と［情報］品質の相違　61
　　　——評価の骨子　57
　　　——評価・分析のアプローチ　105
　　　——のよさ　100
適合性　61
　　　——概念　62
電子カンバン　25
電子商取引コード管理協会　143
電子性　110, 112, 122
電子データ交換　143

と

トランザクションデータ　140

な

生データ　119
名寄せ　15, 138

に

二次データ　32
入手容易性　51, 57, 58, 84, 92

ひ

ビジネス分析　151
費消性　109, 112, 122
非代替性　110, 112, 122
ビッグデータ　24, 66
表現品質　51, 52
表示化　134
評判のよさ　51, 84, 94
表レベル　82
品質概念　62
品質マネジメントシステム　142

ふ

フィールド　44
付加価値の高さ　51, 53, 84
複写性　109, 112, 122
文書化　134
分析力　136
文脈　67, 71, 77
　　　——品質　51, 52

へ

編集検査　126
ベンチマーク差異分析　104
変容性　111, 112, 122

ほ

本書の言葉の使い方　37

ま

マスターデータ　140

み

見える化　133, 135

め

メタデータ　45, 57, 81
メタレベル　83
　——のデータ　81

も

問題解決　36

や

役割間差異分析　104

ゆ

有用な情報　102

ら

ラベル　53

欄　44
　——レベル　82

り

リアル世界　27
　——とサイバー世界の対応関係
　　　46
理解しやすさ　51, 53, 54, 59, 84, 92, 93
量的適切さ　51, 84, 92
利用の場面　77
利用品質　52
利用文脈　131
利用への適合性　61

れ

レコード　82
　——レベル　82
レベルの欠陥　81

JSQC選書 20

情報品質
データの有効活用が企業価値を高める

定価：本体 1,600 円（税別）

2013 年 6 月 14 日　　第 1 版第 1 刷発行

監 修 者　一般社団法人　日本品質管理学会
著　　者　関口　恭毅
発 行 者　田中　正躬
発 行 所　一般財団法人　日本規格協会
　　　　　〒107-8440　東京都港区赤坂 4 丁目 1-24
　　　　　　　　　　　http://www.jsa.or.jp/
　　　　　　　　　　　振替　00160-2-195146
印 刷 所　日本ハイコム株式会社
製　　作　有限会社カイ編集舎

© Yasuki Sekiguchi, 2013　　　　　　　　　Printed in Japan
ISBN978-4-542-50478-3

- 当会発行図書，海外規格のお求めは，下記をご利用ください．
  営業サービスユニット：(03)3583-8002
  書店販売：(03)3583-8041　注文 FAX：(03)3583-0462
  JSA Web Store：http://www.webstore.jsa.or.jp/
- 落丁，乱丁の場合は，お取替えいたします．
- 内容に関するご質問は，本書に記載されている事項に限らせていただきます．書名及びその刷数と，ご質問の内容（ページ数含む）に加え，氏名，ご連絡先を明記のうえ，メール（メールアドレスはカバーに記しています）又は FAX（03-3582-3372）にてお願いいたします．電話によるご質問はお受けしておりませんのでご了承ください．

JSQC選書

JSQC（日本品質管理学会） 監修

定価 1,575 円（本体 1,500 円），⑩定価 1,785 円（本体 1,700 円），⑲⑳定価 1,680 円（本体 1,600 円）

① Q-Japan—よみがえれ，品質立国日本 ... 飯塚 悦功 著

② 日常管理の基本と実践—日常やるべきことをきっちり実施する ... 久保田洋志 著

③ 質を第一とする人材育成—人の質，どう保証する ... 岩崎日出男 編著

④ トラブル未然防止のための知識の構造化
　—SSM による設計・計画の質を高める知識マネジメント ... 田村 泰彦 著

⑤ 我が国文化と品質—精緻さにこだわる不確実性回避文化の功罪 ... 圓川 隆夫 著

⑥ アフェクティブ・クォリティ—感情経験を提供する商品・サービス ... 梅室 博行 著

⑦ 日本の品質を論ずるための品質管理用語 85 ... (社)日本品質管理学会 標準委員会 編

⑧ リスクマネジメント—目標達成を支援するマネジメント技術 ... 野口 和彦 著

⑨ ブランドマネジメント—究極的なありたい姿が組織能力を更に高める ... 加藤雄一郎 著

⑩ シミュレーションとSQC—場当たり的シミュレーションからの脱却 ... 吉野 睦／仁科 健 共著

⑪ 人に起因するトラブル・事故の未然防止とRCA
　—未然防止の視点からマネジメントを見直す ... 中條 武志 著

⑫ 医療安全へのヒューマンファクターズアプローチ
　—人間中心の医療システムの構築に向けて ... 河野龍太郎 著

⑬ QFD—企画段階から質保証を実現する具体的方法 ... 大藤 正 著

⑭ FMEA辞書—気づき能力の強化による設計不具合未然防止 ... 本田 陽広 著

⑮ サービス品質の構造を探る—プロ野球の事例から学ぶ ... 鈴木 秀男 著

⑯ 日本の品質を論ずるための品質管理用語 Part 2 ... (社)日本品質管理学会 標準委員会 編

⑰ 問題解決法—問題の発見と解決を通じた組織能力構築 ... 猪原 正守 著

⑱ 工程能力指数—実践方法とその理論 ... 永田 靖／棟近 雅彦 共著

⑲ 信頼性・安全性の確保と未然防止 ... 鈴木 和幸 著

⑳ 情報品質—データの有効活用が企業価値を高める ... 関口 恭毅 著

JS 日本規格協会　http://www.webstore.jsa.or.jp/